점박이 한반도의 공룡
공룡 대백과

글 이용규

전라남도 영광에서 태어났어요. 중앙일보 신춘문예를 통해 시 〈가족일기〉로 등단했습니다. 현재 한국방송작가협회 회원이며 'KBS 스페셜', 'MBC 스페셜', 'SBS 스페셜', 'KBS 특집' 등 다수의 다큐멘터리 시나리오를 집필했습니다. 또 다큐멘터리 영화 〈신의 아이들〉, 〈오래된 인력거〉와 EBS 3D 다큐멘터리 〈한반도의 공룡〉, 〈앙코르와트〉, 〈위대한 바빌론〉과 3D 영화 〈점박이, 한반도의 공룡〉의 시나리오를 썼습니다.

글 한상호

2002년에 EBS 다큐멘터리 3부작 〈문자〉의 감독을 맡아 한국방송PD연합회 이달의 PD상을, 2005년에 과학기술부 대한민국과학문화상을 수상하였습니다. 2008년에는 아시아 최초 공룡 다큐멘터리 〈한반도의 공룡〉과 2011년에는 3D 영화 〈점박이, 한반도의 공룡〉을 연출하여 대한민국뿐만 아니라 세계를 놀라게 하였습니다. 또, 판타지 소설 『공룡전사 빈』을 발표하여 뛰어난 이야기꾼으로서의 면모도 보여 주었습니다.

글 박지은

1975년 서울에서 태어났어요. 어려서부터 과학을 좋아하고 호기심이 많았답니다. 이화여자대학교에서 과학 교육을 공부하며 과학을 잘하기 위해서는 어려서부터 재미있게 배워야 한다고 생각했어요. 어린이 과학 잡지인 월간 〈과학쟁이〉의 기자 및 편집장으로 일하면서 세상에 얼마나 다양한 과학의 분야가 있는지 알게 되어서 놀랐죠. 그중에서도 특히 공룡에 많은 관심을 갖게 되었어요. 엄청나게 큰 몸집으로, 한때 지구를 장악했던 공룡을 잘 알기 위해 다양한 공룡책을 섭렵했어요. 현재는 공룡뿐만 아니라 과학에 관련된 여러 가지 글을 쓰고 있어요. 지은 책으로는 『과학왕 실종 사건』이 있고, 월간 〈과학쟁이〉에 '과학사 재발견'이란 코너를 연재하고 있답니다.

그림 이상민

대학에서 산업디자인과 영문학을 공부했어요. 1984년 중앙일보 광고대상 출판부문에서 최우수상을 받았고, 1986년부터 지금까지 이음 그래픽스를 운영하고 있어요. 지은 책으로는 『매직 잉글리시 파이터 1, 2, 3』이 있고, 그린 책으로는 『봉봉 초등 영어 사전』, 『봉봉 만화 영어 사전』, 『파니스 어드벤처』, 『눈높이 영어』, 『튼튼영어 워크북』 등이 있어요. 〈어린이 동산〉, 〈어린이 경제 신문〉, 〈아이큐 점프〉, 〈소년 조선일보〉 등에 만화를 연재하기도 했답니다.

감수 임종덕

1968년 서울에서 태어났어요. 서울대학교 지구환경과학부 BK21 교수와 미국 캔자스 주립 자연사 박물관 화석전문연구원으로 일했어요. 우리나라 사람으로서는 처음으로 자연사 박물관학으로 미국 네브래스카 대학교에서 석사학위를 받았어요. 미국 캔자스 대학교에서는 척추고생물학으로 박사학위를 받았어요. 국내외 곳곳을 누비며 중생대와 신생대 지층에서 공룡을 비롯한 여러 척추동물의 화석 발굴과 연구를 활발하게 진행 중이에요. 현재 문화재청 국립문화재연구소 천연기념물 센터 학예연구관으로 활동하고 있답니다.

점박이 한반도의 공룡 대백과

초판 1쇄 발행 2013년 5월 10일 | 초판 23쇄 발행 2025년 5월 26일
글 이용규, 한상호, 박지은 | 그림 이상민 | 감수 임종덕 | 이미지 EBS, 올리브 스튜디오, 드림써치 C&C
발행인 윤승현 | 콘텐츠개발본부장 안경숙 | 책임편집 최민정 | 편집 이유선
디자인 SALT&PEPPER Communications | 마케팅 정지운, 박현아, 원숙영, 김지윤, 황지영 | 제작 신홍섭
펴낸곳 ㈜웅진씽크빅 | 주소 경기도 파주시 회동길 20 (우)10881
문의전화 031)956-7404(편집), 031)956-7569, 7570(마케팅)
홈페이지 www.wjjunior.co.kr | 블로그 blog.naver.com/wj_junior | 트위터 @new_wjjr | 인스타그램 @woongjin_junior
출판신고 1980년 3월 29일 제 406-2007-00046호 | 제조국 대한민국 | 사용연령 4세 이상

© EBS, Olive Studio, Dream Search C&C (저작권자와 맺은 특약에 따라 검인을 생략합니다.)

ISBN 978-89-01-15623-1(77450) ISBN 978-89-01-13705-6(세트)

웅진주니어는 ㈜웅진씽크빅의 유아·아동·청소년 도서 브랜드입니다.
이 책은 저작권법에 따라 한국에서 보호받는 저작물이므로 무단전재와 무단복제를 금지하며, 이 책 내용의 전부 또는 일부를 이용하려면 반드시 저작권자와 ㈜웅진씽크빅의 서면 동의를 받아야 합니다.

잘못 만들어진 책은 바꾸어 드립니다.
※주의 1_책 모서리가 날카로워 다칠 수 있으니 사람을 향해 던지거나 떨어뜨리지 마십시오. 2_보관 시 직사광선이나 습기 찬 곳은 피해 주십시오.

공룡 대백과

글 이용규·한상호·박지은 | 그림 이상민
감수 임종덕(공룡 박사, 국립문화재연구소 학예연구관)

웅진주니어

차례

프롤로그

공룡은 누가 발견했을까?	12
공룡은 어떻게 분류할까?	14
공룡은 왜 멸종했을까?	16

1장 | 한반도의 공룡

001	미크로랍토르	20
002	부경고사우루스	24
003	힙실로포돈	28
004	벨로키랍토르	32
005	안킬로사우루스	36
006	친타오사우루스	40
007	카로노사우루스	44
008	타르보사우루스	48
009	테리지노사우루스	52
010	티라노사우루스	56
011	파키케팔로사우루스	60
012	프로토케라톱스	64
013	해남이크누스	68
014	레페노마무스	72
015	틸로사우루스	76
016	네미콜로프테루스	80

2장 | 세계의 공룡

017	에오랍토르	84
018	코엘로피시스	86
019	플라테오사우루스	88
020	드리오사우루스	90
021	디플로도쿠스	92
022	메갈로사우루스	94
023	바로사우루스	96
024	브라키오사우루스	98
025	세이스모사우루스	100
026	스테고사우루스	102
027	아파토사우루스	104
028	알로사우루스	106
029	카마라사우루스	108
030	콤프소그나투스	110

031 투오지앙고사우루스	112	**056** 파라사우롤로푸스	162
032 기가노토사우루스	114	**057** 프시타코사우루스	164
033 기간토랍토르	116	**058** 람포링쿠스	166
034 데이노니쿠스	118	**059** 케찰코아툴루스	168
035 드로마에오사우루스	120	**060** 프테라노돈	170
036 마이아사우라	122		
037 바가케라톱스	124		
038 바리오닉스	126		

 **에필로그**

039 사우롤로푸스	128	점박이 한반도의 공룡 생생 화보	174
040 산퉁고사우루스	130	찾아보기	202
041 센트로사우루스	132	사진 출처	204
042 스티라코사우루스	134		
043 스피노사우루스	136		
044 시노사우롭테릭스	138		
045 에드몬토사우루스	140		
046 에우오플로케팔루스	142		
047 에우헬로푸스	144		
048 오비랍토르	146		
049 유타랍토르	148		
050 이구아노돈	150		
051 카르카로돈토사우루스	152		
052 카우딥테릭스	154		
053 테논토사우루스	156		
054 트로오돈	158		
055 트리케라톱스	160		

내 친구 점박이를 생각하며

　점박이를 처음 만난 순간이 눈에 선한데 벌써 6년이란 시간이 지났네요. 저는 영화 〈점박이 : 한반도의 공룡 3D〉를 만든 감독으로서 점박이와 어깨를 나란히하고 지난 6년을 함께 걸어온 느낌이 들어요. 힘들 때도 있었고 슬플 때도 있었지만 점박이가 함께해 주어서 이겨 낸 것 같아요. 그 많은 시간 중 어느 때 보다도 가장 기쁘고 힘이 났던 때는 어린이 여러분이 점박이를 정말 아끼고 사랑해 준다는 걸 알았을 때였죠.

　점박이는 공룡 시대의 마지막인 백악기 말기에 한반도에서 태어난 숲 속의 제왕 타르보사우루스였어요. 사랑하는 엄마를 잃고 가족을 잃어도 점박이는 굴하지 않고 꿋꿋하게 세상에 맞서며 살아갔어요. 마침내 비겁한 애꾸눈 티라노사우루스에게 복수하고 제왕의 자리를 다시 찾았을 때 저도 모르게 박수를 칠 만큼 정말 신이 났었죠. 저는 그런 점박이의 모습이 무척이나 보기 좋아서 점박이가 우리 어린이들이 닮고 싶은 영웅이자 함께 놀 수 있는 친구가 될 수 있을 거라고 생각했어요. 사실 그동안 우리 어린이들에게 최고 인기 공룡은 티라노사우루스였잖아요? 그런데 티라노사우루스는 미국에서 발견된 공룡인데, 왜 우리나라 어린이들에게 미국 공룡이 최고의 공룡이 되어야 할까요? 우리나라와 아시아 지역에도 그에 못지않은 멋진 공룡 타르보사우루스가 있는데 말이에요. 그래서 저는 점박이를 통해서 멋진 한국 공룡 타르보사우루스를 소개해 주자고 마음먹었지요.

　처음에 우리 공룡 주인공의 이름이 '점박이'라고 하니까 많은 사람들이 이상하다고 했었어요. 공룡 중에서도 최고로 무서울 것 같은 맹수 타르보사우루스에게 점박이라는 약간은 촌스럽고 순둥이 같은 이름이 어색하다는 거였어요. 하지만 EBS 다큐멘터리 〈한반도의 공룡〉이 방송되자마자 어린이 여러분이 폭발적으로 사랑해 주어서 점박이란 이름을 잘 지었구나 하고 뿌듯해 했었어요. 거기에 힘입어 그 뒤 만들어진 영화에서는 푸른눈, 애꾸눈 등 더 다양한 친구들까지 등장할 수 있었지요. 이제 점박이는 한국을 넘어 전 세계로 알려지고 있어요. 저는 점박이가 더 힘을 내어서 미키마우스나 토이스토리처럼 전 세계 어린이에게 영원히 사랑받을 수 있는 자랑스러운 친구가 되기를 바라고 있어요.

　영화 〈점박이 : 한반도의 공룡 3D〉는 3년 동안 5백 명이 넘는 사람들이 힘을 모아 만들었어요. 이야기, 촬영, 컴퓨터 그래픽, 음악, 음향 효과 등 수많은 분야의 전문가들이 그야말로 혼신의 힘을 기울여서 영화에 생명을 불어넣었기에 영화 〈점박이 : 한반도의 공룡 3D〉가 탄생할 수 있었지요.

　이 글을 읽는 여러분이 지금 마음속으로 영화를 만든 그분들에게 박수를 쳐 준다면 모두 힘이 나서 으쓱으쓱할 거라고 생각해요.

　방송과 영화를 통해 사랑받은 점박이가 『공룡 대백과 : 점박이 한반도의 공룡』이라는 책으로 또 한 번 여러분을 찾아가게 되어 정말 반가워요. 이 책을 통해 공룡에 대해 더 많은 지식을 배우고 공룡 시대에 대한 꿈과 상상력을 키울 수 있을 거라고 믿어요.

2013년 5월
영화 〈점박이 : 한반도의 공룡 3D〉 감독　한상호

나의 영원한 호기심 천국 '공룡'과 친구 된 이야기

어린 시절 저에게 공룡은 그저 공룡일 뿐이었습니다. 생각해 보면 분명 이것저것에 관심이 많은 호기심 넘치는 꼬마였는데, 이상하게 공룡만큼은 궁금하지가 않았어요. 저에게 공룡은 그저 아주 먼 옛날에 살았던 덩치 큰 동물일 뿐이었지요.

그러다 어른이 되어 어린이 과학 잡지를 만드는 일을 하게 되면서부터 제 생각은 조금씩 달라지기 시작했습니다. 물론 처음부터 공룡에 빠진 것은 아니에요. 어린이들이 좋아할 만한 기사를 쓰기 위해 공룡에 대해 관심을 갖게 된 것이 그 시작이었지요. 사실 그 당시에도 저는 공룡보다는 냉동 인간이나 인간 복제의 이야기가 더 흥미로웠거든요.

그런데 공룡에 대한 관심이 조금씩 커지면서 저도 모르는 사이 어느새 공룡 마니아가 되었어요. 특히 『공룡 대백과 : 점박이 한반도의 공룡』을 집필하기 시작하면서부터 공룡은 저의 가장 좋은 친구이자 제일 궁금한 존재가 되었지요.

우리보다 훨씬 오래전 지구의 주인이었던 공룡. 저는 무엇보다 '세상에 이렇게나 많은 공룡이 살았단 말이야?'라는 생각에 감탄이 절로 나왔어요. 또 각각의 공룡마다 개성은 얼마나 뚜렷한지! 그래서 어린이 친구들에게 꼭 알아야 하는 공룡만 골라서 보여 주고 싶었고, 각 공룡들이 얼마나 특별한지에 대해 자세히 설명해 주고 싶었어요.

책을 읽은 후, 어떤 친구는 저처럼 공룡의 매력에 흠뻑 빠져들 테고, 또 어떤 친구는 어린 시절의 제가 그랬던 것처럼 여전히 무덤덤한 마음으로 공룡을 대할지도 모릅니다. 하지만 단 1명의 독자라도 공룡과 가까워질 수 있다면 저는 행복할 거예요. 물론 그런 친구가 많으면 많을수록 더 좋겠지만요.

공룡과 둘도 없는 친구가 된 저는 아주 사소한 공룡 소식도 놓치지 않고 꼼꼼히 챙겨 봅니다. 그리고 공룡의 모든 비밀이 밝혀지는 날을 손꼽아 기다리고 있지요. 『공룡 대백과 : 점박이 한반도의 공룡』을 읽은 친구들에게도 공룡이 특별하게 다가가기를 기대해 봅니다.

2013년 5월
저자 박지은

함께 공룡의 비밀을 풀어나갈 미래의 고생물학자 모여라!

'긴 시간 동안 지구 곳곳을 누비며 살았던 수많은 공룡은 다 어디로 사라졌을까?'

공룡을 연구한 지 수십 년이 지난 지금도 저는 이 생각만 하면 가슴이 두근거립니다. 공룡을 좋아하는 사람이라면 누구든 하루빨리 이 비밀이 풀리기만을 간절히 기다리고 있을 거예요. 그래서 전 세계의 수많은 고생물학자들은 지금 이 순간에도 산, 들, 바다, 사막 등 그 어디도 마다하지 않고 공룡의 흔적을 찾기 위해 혼신의 노력을 다하고 있답니다.

키가 어른의 허리 정도밖에 되지 않는 자그마한 공룡, 몸길이가 버스 1대 길이보다 더 긴 공룡, 목을 치켜세우면 아파트 3층 높이까지 얼굴을 들어 올릴 수 있었던 공룡 등 저마다 특색 있고 개성 넘치는 공룡들이 지구상에서 뛰어놀았답니다. 무려 2억 4700만 년 전에 말이에요! 그렇다면 우리는 어떻게 그 오래전에 일어난 일들을 알 수 있는 걸까요? 타임머신을 타고 과거로 시간 여행을 떠날 수 있는 것도 아닌데 말이에요.

우리가 공룡의 이야기를 들을 수 있는 것은 바로 세계 여러 곳에서 발견된, 그리고 앞으로 계속 발견될 화석 덕분이랍니다. 화석이 어떻게 이야기를 들려주느냐고요? 그건 저와 같은 고생물학자가 있기 때문이지요! 화석을 발굴하고, 그것을 연구하면서 그 안에 담긴 다양한 정보를 바탕으로 공룡들이 살았던 세계의 모습을 하나씩 추리해 나가는 거예요. 화석이 많이 발견되면 될수록 우리는 공룡에 대해 더 많은 것을 알 수 있고, 그 당시 지구의 모습은 어떠했는지도 생생하게 떠올릴 수 있겠지요?

그러니 내가 좋아하는 공룡들이 다 없어졌다고 너무 슬퍼할 필요는 없어요. 『공룡 대백과 : 점박이 한반도의 공룡』이 여러분들에게 수많은 이야기를 들려줄 테니까요! 이 책을 통해 공룡에 대한 관심과 애정이 더욱 깊어지길 바랍니다. 또한 저와 공룡의 비밀을 함께 풀어 나갈 미래의 고생물학자가 많이 탄생했으면 좋겠어요.

공룡들이 주인이었던 중생대의 이야기를 들을 준비가 되었나요? 공룡뿐만 아니라 공룡과 함께 살았던 익룡, 바다 파충류, 포유류의 이야기까지 다 들으려면 아마 귀를 쫑긋 세워야 할 거예요.

자, 이제부터 수많은 공룡의 이야기가 펼쳐집니다!

2013년 5월

감수 임종덕

일러두기
- 공룡 학명은 '위키 백과'를 기준으로 삼았습니다.
- 1장 한반도의 공룡, 2장 세계의 공룡에 등장하는 공룡은 각각 지질 연대순으로 정리 후, 같은 연대에 속한 공룡은 가나다 순으로 다시 정리했습니다.
- 1장과 2장에는 공룡뿐만 아니라 익룡과 파충류도 함께 소개되어 있습니다.
- 각 공룡의 기본 정보는 임종덕 선생님의 최신 연구 자료를 바탕으로 하였습니다.

프롤로그

'공룡'이라는 이름은 누가 만들었을까요?
우리는 46억 년 전에 살았던 공룡에 대해 어떻게 알 수 있는 걸까요?
공룡의 발견부터 멸종까지, 그 흐름을 쉽고 재미있게 살펴보아요!

공룡은 누가 발견했을까?

아무도 보지 못한 동물, 상상하기 어려울 만큼 거대한 몸집을 가졌으며 1억 8550만 년이라는 긴 시간 동안 지구를 지배한 동물은 뭘까? 바로 공룡이다. 이러한 이유 때문에 공룡은 신비함 그 자체이다. 그런데 여기서 한 가지 의문점이 생긴다. 이미 멸종해 버린 공룡의 존재를 어떻게 알게 되었을까? 공룡이 세상에 알려지게 된 그 순간으로 돌아가 보자!

로버트 플롯의 초상화

↙ 거인의 뼈? 사실은 공룡의 뼈!

과학사에 공룡이 처음 등장한 것은 1677년의 일이다. 영국의 과학자 로버트 플롯이 옥스퍼드셔 지역의 자연사에 관한 책을 쓰면서 공룡의 뼈 그림을 그린 것이다. 물론 로버트 플롯은 그 뼈가 공룡의 뼈인지 알지 못했다. 당시에는 '공룡'이라는 동물이 세상에 존재했다는 사실조차 알지 못했기 때문이다. 게다가 플롯은 그 뼈가 파충류의 뼈일 것이라고도 생각하지 못했다. 플롯과 고생물학자들은 코끼리의 뼈일 것이라고 생각했다가 나중에는 거인의 뼈라고 결론 내렸다.

현재 플롯이 그림으로 그린 공룡의 뼈는 없어졌기 때문에 그 뼈가 정확히 어떤 공룡의 뼈였는지 확인할 길은 없다. 하지만 그림을 통해 거대한 육식 공룡의 허벅지 뼈였을 것으로 추정하고 있다.

↙ 우연히 발견된 공룡의 뼈

1815년, 영국 옥스퍼드 근처의 한 채석장에서 파충류의 화석이 발견되었다. 그 화석은 여러 사람의 손을 거쳐 옥스퍼드 대학의 지질학자인 윌리엄 버클랜드에게 전해졌다. 1824년, 버클랜드는 연구 끝에 그 화석이 거대한 육식 도마뱀의 뼈라고 결론짓고, '거대한 도마뱀'이라는 뜻의 '메갈로사우루스'란 이름을 지어 주었다.

영국 스톤스필드 채석장에서 발견된 메갈로사우루스의 이빨 화석

버클랜드가 메갈로사우루스라는 이름을 짓기 2년 전인 1822년, 영국의 의사 기디언 멘텔의 부인인 메리 앤은 산책을 하다가 커다란 이빨 화석을 발견했다. 멘텔은 그 이빨이 이구아나의 이빨과 닮았지만 매우 컸기 때문에 특별한 것일 거라고 생각했다. 그래서 그는 이빨을 고생물학자에게 보내 조사하도록 하였고, 1825년 그 이빨 화석에 '이구아나의 이빨'이라는 뜻의 '이구아노돈'이라는 이름을 붙여 주었다. 이렇게 이구아노돈은 이름을 갖게 된 두 번째 공룡이 되었다.

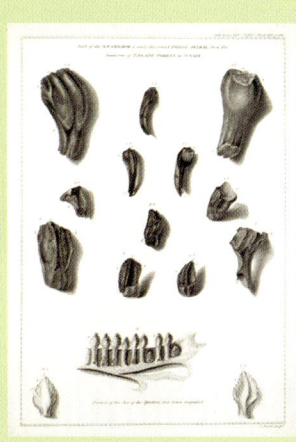

이구아노돈의 이빨 화석 그림

윌리엄 버클랜드의 초상화

🦖 멸종한 거대 파충류, '공룡'이라 부르자!

메갈로사우루스, 이구아노돈이라는 이름을 만들어 붙이기는 했지만 버클랜드도, 멘텔도 자신들이 발견한 화석이 공룡의 화석인지는 알지 못했다. 사실 당시에는 '공룡'이라는 말도 없었다. 그들은 그저 미지의 거대 도마뱀을 발견했다고만 생각했다. 물론 이 말이 틀린 것은 아니다. 분명 공룡은 파충류에서 진화된 무리이기 때문이다.

'공룡'이라는 말이 처음 등장한 것은 1842년이다. 영국의 고생물학자 리처드 오언이 파충류 화석에 관한 논문을 발표하면서 '무서운(deinos)'이라는 그리스 어와 '도마뱀(sauros)'이라는 그리스 어를

힐라에오사우루스 상상도

조합하여 만든 '무서운 도마뱀'이라는 뜻의 '디노사우르(dinosaur)', 즉 '공룡'이라는 말을 처음 사용하였다. 오언은 이 논문에서 메갈로사우루스, 이구아노돈, 힐라에오사우루스가 지금까지 알려진 파충류들과 전혀 다르다고 강력하게 주장하였고, 이 동물들을 '디노사우르(공룡)'라고 부르자고 제안했다. 그 뒤 공룡에 대한 본격적인 연구가 시작되었다.

🦖 공룡 이름 작명소

고생물학자들은 세계 곳곳에서 새로운 공룡 화석을 발견할 때마다 새 이름을 붙여 준다. 공룡 이름의 끝에는 대부분 '사우루스'란 말이 붙는데, 이것은 공룡이 도마뱀과 가장 비슷하기 때문에 '도마뱀'이란 뜻의 '사우루스'라는 말을 붙이는 것이다. 고생물학자들은 공룡 화석을 발견한 장소, 화석의 특징, 자신의 이름 등을 '사우루스'라는 단어 앞에 붙여 '○○○사우루스'라고 이름 짓곤 한다. 그런데 공룡의 이름을 잘 살펴보면 자주 쓰이는 단어들이 있다. 그 단어들의 뜻을 알고 있으면 공룡의 이름만 보고도 그 공룡의 특징이나 생김새를 추측할 수 있다.

- **케라** : 뿔이 있는
- **메가** : 큰
- **파키** : 두꺼운
- **프테로** : 날개가 있는
- **랍토르** : 도둑
- **스테고** : 지붕, 덮개
- **톱스** : 머리, 얼굴
- **트리** : 셋
- **알로** : 별난
- **오돈** : 이빨

카네기 자연사 박물관에 전시된 '세 개의 뿔이 달린 얼굴'이라는 뜻의 이름을 가진 트리케라톱스 전신 골격 모형

13

공룡은 어떻게 분류할까?

⬇ 엉덩이뼈로 나누는 공룡의 무리

공룡의 엉덩이뼈는 장골, 좌골, 치골이라는 세 개의 뼈로 이루어져 있다. 장골 아래쪽에 좌골과 치골이 붙어 있는데, 좌골과 치골이 붙어 있는 모양에 따라 용반류와 조반류로 나뉜다.

용반류는 장골 아래 좌골과 치골이 서로 반대 방향으로 뻗어 있다. 그래서 옆에서 보면 시옷(ㅅ) 자 모양으로 보인다. 즉 치골은 앞쪽으로, 좌골은 뒤쪽으로 뻗어 있는 것이다. '용반류'라는 말은 '도마뱀과 같은 엉덩이뼈를 가진 무리'라는 뜻으로, 용반류의 앞쪽으로 뻗은 치골은 복근을 받쳐 주는 역할을 한다.

조반류는 장골 아래 붙은 좌골과 치골이 뒤쪽으로 나란히 뻗어 있다. 조반류의 대부분은 초식 공룡인데, 이런 엉덩이뼈 모양 덕분에 내장 기관이 자리 잡을 공간이 넓어 많은 양의 풀을 저장하고 소화시킬 수 있었다. '조반류'라는 말은 '새와 같은 엉덩이뼈를 가진 무리'라는 뜻이다. 그런데 새와 같은 엉덩이뼈를 가졌다고 해서 조반류를 새의 조상이라 오해해서는 안 된다. 실제 새의 조상은 용반류 가운데 수각류이다.

용반류의 엉덩이뼈 형태 — 장골, 관골구, 치골, 좌골

조반류의 엉덩이뼈 형태 — 장골, 관골구, 좌골, 치골

공룡의 분류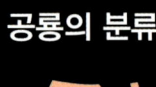

용반류

브라키오사우루스

티라노사우루스

스테고사우루스

용각류
네 발로 걷는 초식 공룡이다. 목과 꼬리가 길고, 머리는 작다. 공룡 중에서 가장 몸집이 큰 편이다. 평균적으로 몸길이가 10m가 넘는다. 몸집이 커서 천천히 걸어 다녔다. 쥐라기 이전에 살았던 원시 용각류는 몸집이 작았지만 백악기에 살았던 용각류는 몸집이 매우 컸다. 점차 큰 몸집으로 진화한 것으로 보인다. 부경고사우루스, 디플로도쿠스, 브라키오사우루스 등이 용각류에 속한다.

수각류
트라이아스기에 최초로 나타난 공룡으로, 두 발로 걷는 육식 공룡이다. 몸집에 비해 머리가 컸지만 행동은 빠르고 민첩했다. 이빨이 매우 날카로워서 사냥을 할 때 먹잇감을 공격하기에 좋았다. 수각류 중 가장 유명한 공룡은 티라노사우루스이다. 그 밖에 벨로키랍토르, 트오로돈, 데이노니쿠스, 딜롱, 미크로랍토르 등이 수각류에 속한다.

검룡류
골판이나 골침을 가진 공룡이다. 검룡류란 '긴 칼을 가진 공룡의 무리'라는 뜻이다. 검룡류는 머리에서부터 꼬리까지 난 골판이나 골침으로 자신을 방어했다. 쥐라기에 가장 번성했다. 후양고사우루스, 투오지앙고사우루스, 켄트로사우루스, 스테고사우루스 등이 검룡류에 속한다.

🔻 공룡과 도마뱀은 다르다

공룡은 파충류에서 진화한 무리이다. 하지만 공룡과 파충류인 도마뱀과는 몇 가지 차이점이 있어 리처드 오언은 '공룡'이라는 새로운 용어를 만들었다. 그렇다면 공룡과 도마뱀은 어떤 점이 다를까?

공룡과 도마뱀의 첫 번째 차이점은 다리의 형태이다. 도마뱀은 다리가 양쪽으로 벌어지고 구부러져 있기 때문에 거북이처럼 기어 다닌다. 이에 비해 공룡은 다리가 아래쪽으로 곧게 뻗어 있기 때문에 개나 고양이처럼 걸어 다녔다. 타르보사우루스나 벨로키랍토르 같은 육식 공룡들은 앞다리를 들고, 뒷다리로만 걷거나 뛸 수 있었다.

다리가 아래쪽으로 곧게 뻗어 있으면 에너지 소모를 줄일 수 있고, 빠르게 이동할 수 있다. 빠르게 이동할 수 있다는 것은 사냥을 할 때 사냥감을 놓치지 않을 확률이 높다는 뜻이기 때문에 치열한 생존 경쟁에서 아주 유리하다.

공룡과 도마뱀의 두 번째 차이점은 체온이다. 파충류인 도마뱀은 주위의 온도에 따라 체온이 달라지는 변온 동물이다. 그래서 체온이 떨어지는 밤에는 활동을 하지 못하고, 낮에 햇빛으로 체온을 올린 후 활동을 시작한다. 반면에 육식 공룡은 체온이 항상 일정한 항온 동물이었던 것으로 추정된다. 몸집이 큰 초식 공룡은 섭취하는 식물만으로는 체온을 유지할 에너지를 충분히 얻을 수 없었기 때문에 변온 동물이었을 것으로 추측하고 있다. 육식 공룡들은 밤에도 활발하게 사냥했을 것으로 보이는데, 이것은 육식 공룡들이 먹이로부터 에너지를 얻어 체온을 유지하는 항온 동물이었기에 가능한 일이다.

티라노사우루스의 엉덩이뼈와 다리뼈 모형

조반류

안킬로사우루스

파라사우롤로푸스

스티라코사우루스

곡룡류

단단한 갑옷이 온몸을 덮고 있는 공룡이다. 곡룡류란 '가슴 주변의 뼈가 휘어져 있는 공룡의 무리'라는 뜻이다. 곡룡류는 온몸을 덮고 있는 단단한 갑옷과 꼬리 끝에 달린 꼬리 곤봉으로 자신을 방어했다. 백악기에 가장 번성했다. 안킬로사우루스, 노도사우루스, 사이카니아 등이 곡룡류에 속한다.

조각류

두 발 또는 네 발로 걷는 초식 공룡이다. 조각류란 '새의 발을 닮은 공룡의 무리'라는 뜻이다. 뒷다리가 잘 발달했으며, 길고 튼튼한 꼬리로 몸의 균형을 잡았다. 조각류는 후두류, 힙실로포돈류, 이구아노돈류, 하드로사우루스류로 나뉜다. 파라사우롤로푸스, 힙실로포돈, 이구아노돈, 하드로사우루스 등이 조각류에 속한다.

각룡류

뿔을 가지고 있으며 네 발로 걷는 공룡이다. 각룡류는 대부분 머리에 뿔과 프릴이 있다. 하지만 모두 그런 것은 아니다. 프시타코사우루스처럼 프릴이 없고, 뿔이 양 뺨에 붙어 있는 공룡도 있다. 트리케라톱스, 스티라코사우루스가 각룡류에 속한다.

공룡은
왜 멸종했을까?

🔻 공룡이 살던 시대, 중생대

지구의 역사는 선캄브리아대, 고생대, 중생대, 그리고 현재 우리가 살고 있는 신생대로 나눌 수 있다. 그중에서도 중생대는 1억 8550만 년이라는 긴 시간 동안 공룡이 세계 곳곳을 종횡무진하며 지구를 지배한 시기다. 중생대는 트라이아스기, 쥐라기, 백악기로 나눌 수 있다. 중생대 때 하나의 땅덩어리였던 대륙이 서서히 움직이다가 지금처럼 여러 대륙으로 나뉘었고, 이에 따라 자연환경도 많이 달라졌다.

🔻 어느 날 갑자기 공룡이 사라지다!

공룡의 등장만큼이나 사람들의 호기심을 자극하는 것은 갑작스러운 공룡의 멸종이다. 오랜 시간 생태계의 최강자로 군림했던 공룡들이 어느 날 갑자기 모두 사라져 버린 것이다. 과연 어떤 일이 일어났던 것일까?
공룡의 멸종 원인에 관한 학설은 여러 가지이다. 지구에 운석이 떨어졌다는 설, 화산이 폭발했다는 설, 산성비가 내린 것이 원인이라는 설, 갑자기 빙하기가 찾아와 모두 얼어 죽었다는 설 등 그 수가 100여 가지에 이른다.

중생대	기후	대륙	식물상
트라이아스기	덥고 건조했다.	모든 대륙이 하나로 붙어 있는 '판게아'였다.	북쪽에는 은행나무와 나무고사리 등이 자랐고, 남쪽에는 침엽수와 소철이 많이 자랐다.
쥐라기	따뜻하고 습도가 높았다.	판게아가 남반구의 곤드와나 대륙과 북반구의 로라시아 대륙으로 나뉘기 시작했다.	침엽수, 소철, 양치류 식물이 자라고 있었다. 꽃이 피는 식물은 없었다.
백악기	계절의 변화가 뚜렷해졌다. 여름은 습도가 높고 따뜻했으며, 겨울은 다른 시기보다 추웠다.	대륙이 서로 멀어지면서 여러 대륙으로 흩어진 공룡들이 서로 다른 모습으로 진화해 갔다.	초기에는 침엽수와 소철이 번성하였고, 후기에는 점차 꽃이 피는 식물이 많아졌다.

지구와 운석의 충돌 장면을 그린 상상도

공룡의 멸종 원인으로 학자들이 가장 유력하다고 생각하는 학설은 운석 충돌설이다.
운석이 충돌하면서 지진과 해일이 일어났고, 화산도 폭발했다. 화산 폭발로 인해 발생된 거대한 먼지 구름은 햇빛을 가려 지구의 기온을 급격히 낮췄고, 이로 인해 물속에 사는 생물과 몸집이 작은 척추동물을 제외한 많은 동물이 멸종했다는 것이다.
당시 어떤 재앙 때문에 수많은 공룡이 갑자기 사라진 것인지에 대해 단정지어 말할 수 없다. 남겨진 단서들을 바탕으로 앞으로 학자들이 끊임없이 연구하고 노력한다면 공룡 멸종의 비밀도 언젠가는 밝혀지게 될 것이다.

🦶 마지막까지 살아남은 공룡들

공룡을 비롯한 많은 생물이 사라질 만큼 백악기 후기에는 커다란 환경의 변화가 있었다. 하지만 그렇다고 해서 모든 공룡이 한꺼번에 사라진 것은 아니었다. 안킬로사우루스, 살타사우루스, 티라노사우루스, 파키케팔로사우루스, 트리케라톱스, 테리지노사우루스, 파라사우롤로푸스 등의 공룡은 가장 마지막까지 살아남은 공룡들이다.

파라사우롤로푸스 상상도

동물상	대표 공룡
파충류가 땅을 지배한 시기이다. 두 발로 걷는 육식 공룡인 수각류가 먼저 등장했고, 시간이 흐르면서 네 발로 걷는 초식 공룡인 용각류가 나타났다. 수각류는 점차 몸집이 커지는 쪽으로 진화했다. 트라이아스기 후기에 처음으로 포유류가 등장했고, 공룡, 곤충, 어류, 작은 포유류 등을 제외한 거의 대부분의 동물이 멸종했다.	에오랍토르, 코엘로피시스, 테코돈토사우루스 등 
공룡이 번성하기 시작한 시기이다. 공룡의 대부분은 수각류와 용각류였다. 새로운 종류의 공룡이 등장하기 시작했고, 다양한 공룡들은 점차 모든 대륙에 흩어져 살게 되었다. 	시조새, 디플로도쿠스, 알로사우루스, 켄트로사우루스 등 
다양한 종류의 공룡이 번성한 시기이다. 공룡 이외의 새로운 동물도 많이 나타났다. 하지만 백악기가 끝날 무렵에는 모든 공룡이 멸종했다.	티라노사우루스, 벨로키랍토르, 케찰코아틀루스 등 

한반도의 공룡

공룡들의 천국이었던 한반도.
수억 년 전 한반도 곳곳을 누비며 살았던
다양한 공룡, 익룡, 포유류 등을
생생하고 깊이 있게 만나 보세요!

001

작은 약탈자
미크로랍토르

몸집이 작고 깃털이 나 있는 육식 공룡이다. 나무 위를 오르내리며 도마뱀이나 작은 곤충을 잡아먹었다. 깃털이 달린 네 개의 다리를 펼치고 나무와 나무 사이를 건너다녔다.

미크로랍토르 • 한반도의 공룡

Microraptor zhaoianous

앞다리
뒷다리에 비해 길이가 길며, 좌우로 펼치면 날개가 된다.

입
작은 톱니 같은 이빨이 입안 가득 나 있다.

몸집
지금까지 발견된 공룡 중에서 가장 작다. 비둘기보다 조금 더 크다.

선캄브리아기	고생대 5억 4200만 년 전~2억 5100만 년 전
46억 년 전~5억 4200만 년 전	캄브리아기 5억 4200만 년 전~4억 8830만 년 전 / 오르도비스기 4억 8830만 년 전~4억 4370만 년 전 / 실루리아기 4억 4370만 년 전~4억 1600만 년 전 / 데본기 4억 1600만 년 전~3억 5920만 년 전 / 석탄기 3억 5920만 년 전~2억 99...

미크로랍토르 기본 정보

학명	*Microraptor zhaoianous*
분류	용반목 〉수각류 〉드로마에오사우루스과
몸길이	0.4~0.8m
몸무게	0.6~1.5kg
식성	육식
보행	두 발로 걸음
이름의 의미	작은 도둑
서식 시기	백악기 전기(1억 2000만 년 전~1억 1000만 년 전)
발견 장소	중국

깃털
머리에서부터 꼬리까지 온몸에 깃털이 나 있다.

꼬리
뻣뻣하고 길다. 깃털이 나 있으며 부채꼴 모양으로 펼쳐진다.

뒷다리
발목의 뒤쪽까지 깃털이 나 있어 땅 위를 걷기에 불편하다. 두 번째 발가락에는 갈고리발톱이 있다.

미크로랍토르의 화석은

1999년에 중국에서 처음 발견되었다. 화석을 발견한 중국의 농부는 자신이 발견한 두 종류의 화석을 하나의 화석인 것처럼 만들어 팔았다. 그런데 이것이 미국으로 밀수되는 과정에서 〈내셔널 지오그래픽〉 기자에게 정보가 새어 나가 결국 전문가의 검증도 제대로 받지 못한 채 1999년 11월 '아르카이오랍토르'라는 이름으로 세상에 알려졌다.

중국 랴오닝에서 발견된 미크로랍토르의 화석

잘못이 바로 잡힌 것은 1년 후의 일이다. 2000년에 전혀 새로운 랍토르 공룡의 뼈가 발견되었다. 이 랍토르 공룡은 이전에 발굴된 랍토르 공룡들처럼 긴 꼬리와 갈고리발톱이 있었고, 앞다리와 뒷다리는 모두 깃털로 덮여 있었다. 하지만 한 가지 다른 점이 있다면 깃털이 비대칭이라는 점이었다. 깃털이 비대칭이라는 것은 날 수 있었다는 뜻으로, 새로운 랍토르 공룡은 이전에 발견된 랍토르 공룡과 달리 날 수 있었을 것으로 짐작할 수 있다.

발굴 팀은 이 화석에 '미크로랍토르'란 이름을 붙여 주었고, 아르카이오랍토르가 미크로랍토르와 다른 공룡 화석을 합친 가짜 화석이라는 사실도 밝혀졌다.

양치류 식물 위에서 생활하는 미크로랍토르의 모습을 그린 그림

미크로랍토르가 사는 법

몸집이 매우 작은 미크로랍토르는 육식 공룡에게는 매우 만만한 사냥감이었다. 따라서 고생물학자들은 미크로랍토르가 스스로를 보호하기 위해 나무 위에서 주로 생활했을 거라고 보고 있다. 가늘고 긴 다리를 이용해 나무 위를 올랐으며, 나무 위에서는 네 다리를 날개처럼 펼쳐 나무와 나무 사이를 옮겨 다녔을 것으로 추정하고 있다. 미크로랍토르가 나무 위에서 살았을 것이라는 사실을 뒷받침해 주는 것은 발목까지 난 뒷발의 깃털이다. 깃털이 땅에 끌렸기 때문에 미크로랍토르는 땅에서는 잘 걷지 않았을 것으로 추측하고 있다. 꼬리 끝에 부채꼴로 펼쳐지는 깃털은 몸의 균형을 잡는 데 사용하였고, 온몸을 덮은 깃털은 몸을 따스하게 해 주었다.

또한 학자들은 미크로랍토르가 나무 위에서 생활하며 작은 곤충이나 동물을 잡아먹었을 것으로 보고 있다. 실제로 미크로랍토르의 화석이 발견된 곳 주변에서는 다양한 곤충과 작은 몸집을 가진 척추동물의 화석이 함께 발견되었다.

글라이더와 같은 비행 솜씨

미크로랍토르는 날다람쥐나 글라이더처럼 날개를 움직이지 않고 날았다. 이 비행 방법은 높은 곳에서 낮은 곳으로 내려갈 때에는 힘이 많이 필요하지 않았고, 안전하게 착륙할 수 있었다. 하지만 반대로 낮은 곳에서 높은 곳으로 올라갈 때에는 힘이 많이 들었다.

달리고 있는 미크로랍토르의 모습을 표현한 전신 골격 모형

날개를 움직이려면 어깨뼈가 튼튼하고, 어깨 근육도 잘 발달되어 있어야 하는데 미크로랍토르는 그렇지 못했다.

새로 진화한 깃털 공룡?

미크로랍토르는 다른 공룡들의 몸이 비늘로 덮여 있는 것과 달리 온몸이 깃털로 덮여 있었다. 이렇게 몸이 깃털로 덮여 있는 공룡들을 깃털 공룡이라 부르는데, 깃털 공룡으로는 딜롱, 카우딥테릭스, 시노사우롭테릭스 등이 있다. 미크로랍토르는 깃털 공룡 중에서도 특이한 편에 속한다. 네 다리에 모두 깃털이 있는 공룡은 매우 드물기 때문이다. 그뿐만 아니라 보통의 깃털 공룡들은 깃털을 몸을 따뜻하게 하는 데 썼지만 미크로랍토르는 깃털을 날 때 썼다.

날고 있는 모습의 미크로랍토르 상상도

현재 몇몇 고생물학자들은 두 발로 걷는 육식 공룡인 수각류 가운데 일부가 새로 진화했다고 주장하고 있다. 특히 수각류 중에서도 깃털 공룡이 새로 진화했다고 생각하고 있다. 그 예로 깃털의 양이 많고, 날기 위한 깃털을 갖고 있는 미크로랍토르를 새로 진화한 깃털 공룡이라 판단하고 있다.

■■ 갈고리발톱 사냥꾼, 랍토르 공룡

랍토르 공룡이란, 드로마에오사우루스과에 속하는 공룡들을 부르는 말이다. 드로마에오사우루스과에 속하는 공룡들은 팔, 다리, 꼬리에 새처럼 긴 깃털이 나 있고, 몸에도 짧은 깃털이 나 있는 것이 특징이다. 또 다른 특징으로는 두 번째 발가락에 날카로운 갈고리발톱이 있다. 이름 끝에 랍토르가 붙는 벨로키랍토르, 밤비랍토르, 유타랍토르는 모두 랍토르 공룡이며, 데이노니쿠스, 드로마에오사우루스도 랍토르 공룡에 속한다.

랍토르 공룡에 속하는 밤비랍토르 상상도

한반도를 누비던 부경고사우루스

몸집이 거대한 초식 공룡이다. 1999년에 경상남도 하동에서 처음 화석이 발견되었다. 우리말 이름은 '천년부경용'으로, 처음으로 한국어 이름을 가진 용각류이다. 몸집은 거대하지만 머리는 작고, 목은 아주 길다. 여러 마리 무리를 지어 다녔다.

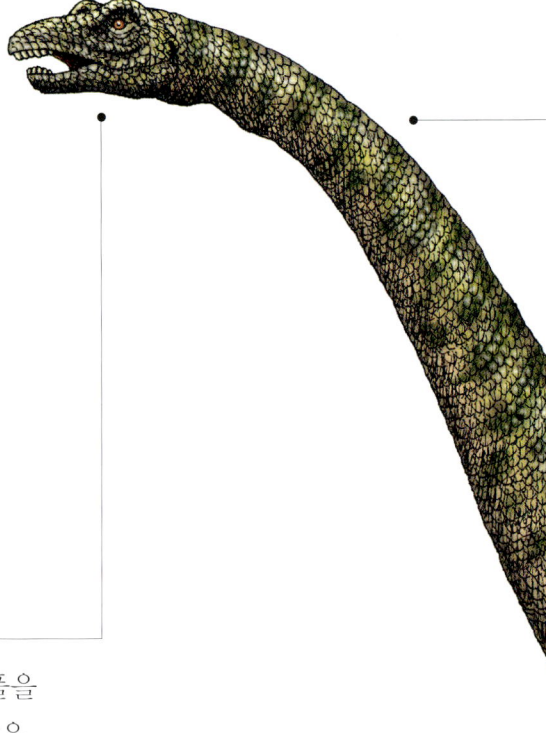

● **머리**
몸집에 비해 작다. 입안에는 풀을 뜯거나 자르기에 좋은 톱니 같은 이빨이 여러 개 나 있다.

● **다리**
긴 목과 긴 꼬리의 균형을 잡고 거대한 몸집을 잘 지탱할 수 있을 정도로 튼튼하다.

Pukyongosaurus millenniumi

| 46억 년 전~5억 4200만 년 전 | 캄브리아기 5억 4200만 년 전~4억 8830만 년 전 | 오르도비스기 4억 8830만 년 전~4억 4370만 년 전 | 실루리아기 4억 4370만 년 전~4억 1600만 년 전 | 데본기 4억 1600만 년 전~3억 5920만 년 전 | 석탄기 3억 5920만 년 전~2억 99 |

선캄브리아기 | 고생대 5억 4200만 년 전~2억 5100만 년 전

10~15m

◉ 부경고사우루스 기본 정보

학명	*Pukyongosaurus millenniumi*
분류	용반목 〉용각류 〉티타노사우루스과
몸길이	10~15m
몸무게	15~20t
식성	초식
보행	네 발로 걸음
이름의 의미	부경대학교 팀이 발견한 도마뱀
서식 시기	백악기 전기(1억 4000만 년 전~1억 1000만 년 전)
발견 장소	한국

◉ 목

목뼈 한 개의 길이가 40~80cm에 이를 정도로 몸길이에 비해 아주 길다. 긴 목으로 높은 곳에 있는 나뭇잎을 따 먹었다.

◉ 꼬리

몸길이와 목의 길이에 비해 짧다.

부경고사우루스의 화석은

1998년에 부경대학교 백인성 교수 팀이 경상남도 하동군 금성면 갈사리 앞바다에 있는 작은 바위섬에서 발견하였다.

이것은 우리나라에서 처음 발견된 몸집이 거대한 용각류의 화석이어서 더욱 의미가 크다. 당시 20점이 넘는 뼈 화석을 발견하였는데, 그중 목뼈 7점, 등뼈 1점, 빗장뼈 1점, 갈비뼈 1점, 꼬리뼈 1점이 확인되었고, 모두 같은 공룡의 뼈로 밝혀졌다. 2000년 2월에 부경고사우루스란 이름으로 정식 발표되었다. 부경고사우루스는 1억 4000만 년 전, 백악기 전기에 살았던 공룡으로 추측된다.

경상남도 하동군 금성면에서 발견된 부경고사우루스의 등뼈와 목뼈 화석

어디까지 뻗었니? 길고 긴 목

뼈 화석이 모두 발견되지 않은 공룡의 몸길이는 어떻게 알 수 있을까? 일반적으로 공룡의 몸길이를 짐작할 때는 골격 화석의 크기를 기준으로 계산한다. 부경고사우루스의 경우, 목뼈 1개의 길이가 40~80㎝ 정도이므로 전체 몸길이는 10~15m 정도였을 것으로 추정하고 있다.
부경고사우루스는 다른 용각류처럼 목이 매우 길어서 긴 목을 이용해 높은 곳에 있는 식물의 잎도 문제없이 먹었을 것으로 보인다.

대한민국 공룡 삼총사

부경고사우루스는 우리말 이름이 붙여진 첫 번째 공룡이다. 우리말 이름을 가진 공룡은 부경고사우루스 이후에 2개가 더 있다. '코리아노사우루스 보성엔시스(*Koreanosaurus boseongensis*)'와 '코리아케라톱스 화성엔시스(*Koreaceratops hwaseongensis*)'이다.
두 공룡 중 먼저 발견된 것은 코리아노사우루스이다. 2003년 전라남도 보성군 득량면 비봉리 해안가에서 전남대학교 한국공룡연구센터 연구자들이 코리아노사우루스의 화석을 발견했다.

한국공룡연구센터에 있는 코리아노사우루스의 모형

경기도 화성시 공룡알 화석 산지 방문객 센터에 있는 알에서 깨어나는 새끼들을 바라보고 있는 코리아케라톱스의 모형

코리아노사우루스는 백악기 후기에 살았던 공룡으로, 두 발 또는 네 발로 걸어 다녔다. 몸길이는 약 2.4m로 꼬리가 유연했을 것이라 추정하고 있다. 7년에 걸쳐 복원되어 2010년에 공개되었다.

코리아케라톱스는 2008년 경기도 화성시 전곡항 근처에서 뼈 화석이 발견되어 세상에 모습을 드러냈다. 코리아케라톱스는 약 1억 1000만 년 전인 백악기 전기 때 한반도에 살았으며, 몸길이는 약 2.3m였을 것으로 추정된다. 꼬리뼈에 척추뼈보다 5배나 더 긴 신경돌기와 독특한 모양을 가진 복사뼈가 있는 것이 특징으로, 납작한 꼬리를 자유롭게 움직였던 것으로 보인다.

거대한 몸집에는 이유가 있다!

부경대학교에 전시된 부경고사우루스의 전신 골격 모형

부경고사우루스와 같은 용각류의 가장 큰 특징은 바로 거대한 몸집이다. 대부분의 용각류는 버스보다 훨씬 크다. 공룡 가운데 최고의 몸길이와 몸무게를 가진 공룡 역시 용각류 중 하나인 아르젠티노사우루스이다. 아르젠티노사우루스의 몸무게는 100t에 가까워 몸무게가 5t 정도인 인도코끼리 20마리와 맞먹고, 몸길이는 35m로 기차의 길이보다 길다. 연구에 의하면 용각류가 처음부터 몸집이 거대했던 것은 아니다. 중생대 초반에 나타난 원시 용각류의 평균 몸길이는 6.5m 정도에 불과했다. 시간이 흐르면서 점점 거대해졌는데, 식물을 먹었기 때문이라는 의견이 있다. 식물은 고기에 비해 영양가가 낮다. 그래서 고기보다 많은 양을 먹어야만 필요한 영양분을 섭취할 수 있다. 그러다 보니 소화기관인 위와 장이 발달하고 크기도 점점 커지게 되었으며, 이에 따라 몸집도 거대해졌다는 것이다. 다행히 중생대는 기후가 따뜻해 식물이 잘 자랐기 때문에 용각류가 아무리 먹어도 먹이가 부족하지 않았을 것이다.

특별한 무기가 없는 용각류의 경우 거대한 몸집은 살아남는 데 매우 큰 도움이 됐을 것이다. 거대한 몸집을 보고 육식 공룡들이 섣불리 덤비지 못했을 것이기 때문이다.

❖ 거대한 몸집과 긴 목의 소유자, 용각류

부경고사우루스처럼 몸길이가 3m가 넘고 긴 목을 가진 초식 공룡들을 용각류로 분류한다. 용각류는 지구상에 살았던 생물 중에서 몸집이 가장 크다. 작은 머리와 길고 유연한 목, 긴 채찍 모양의 꼬리, 코끼리처럼 뭉툭한 발이 용각류의 특징이다. 기린보다 몇 배 더 긴 목으로 키가 큰 나무 꼭대기의 나뭇잎을 독차지했다.

하지만 용각류는 여러 가지 면에서 육식 공룡의 공격을 받기 쉬웠다. 몸집이 거대해 눈에 잘 띌 뿐더러 행동도 느리고 변변한 방어 수단도 없었기 때문이다. 그래서 이들은 함께 무리 지어 다니며 어린 새끼와 자신을 보호했다. 이처럼 부경고사우루스가 속한 용각류의 거대한 몸집은 때로는 장점이었고, 때로는 단점이었다.

003

빠른 것이 무기
힙실로포돈

조그맣고 날렵한 초식 공룡이다. 힙실로포돈은 '골이 깊은 이빨'이라는 뜻으로, 이빨에 골이 깊게 파여 있어 얻은 이름이다. 머리는 작고, 꼬리는 몸길이의 절반을 차지할 만큼 길다. 뼈 속이 비어 있어 몸이 가볍고, 뒷다리가 길고 튼튼해 매우 빨리 달릴 수 있었다. 육식 공룡의 공격을 받으면 빠른 발로 재빨리 도망쳐 위험을 피했다.

○ 눈
앞쪽을 향해 있어 시야는 좁지만 사물을 정확하게 볼 수 있었다.

○ 앞다리
크기가 작은 다섯 개의 발가락이 있다. 발가락으로 먹이를 붙잡을 수 있었지만 나무에는 오를 수 없었다.

Hypsilophodon foxii

| 46억 년 전-5억 4200만 년 전 | 캄브리아기 5억 4200만 년 전~4억 8830만 년 전 | 오르도비스기 4억 8830만 년 전~4억 4370만 년 전 | 실루리아기 4억 4370만 년 전~4억 1600만 년 전 | 데본기 4억 1600만 년 전~3억 5920만 년 전 | 석탄기 3억 5920만 년 전~2억 990 |

선캄브리아기 | 고생대 5억 4200만 년 전~2억 5100만 년 전

1.4~2.3m

힙실로포돈 기본 정보

학명	*Hypsilophodon foxii*
분류	조반목 〉 조각류 〉 힙실로포돈과
몸길이	1.4~2.3m
몸무게	50~70kg
식성	초식
보행	두 발로 걸음
이름의 의미	골이 깊은 이빨
서식 시기	백악기 전기(1억 3000만 년 전~1억 2500만 년 전)
발견 장소	영국, 포르투갈

입
새의 부리처럼 뾰족하다. 입 앞쪽에 원뿔 모양의 날카로운 이빨이 28~30개 정도 나 있다. 이빨에 골이 깊게 파여 있다.

꼬리
길고 딱딱하다. 달릴 때 몸 전체의 균형을 잡아 주었다.

뒷다리
길고 튼튼하여 빨리 달릴 수 있었다. 네 개의 발가락이 있다.

힙실로포돈의 화석은

1849년에 영국에서 처음 발견되었다. 1849년은 공룡 연구가 본격적으로 시작되던 때였는데, 화석을 발견한 영국의 고생물학자 멘텔과 오언은 처음에는 이 화석을 어린 이구아노돈의 것이라고 판단했다. 하지만 1869~1870년에 영국의 고생물학자 토머스 헨리 헉슬리가 이 화석이 힙실로포돈이라는 새로운 종류의 공룡 화석임을 밝혀냈다.

그 뒤 미국 텍사스 주에서 힙실로포돈의 집단 둥지가 발견되었고, 지금까지 영국과 포르투갈 등지에서 수많은 뼈 화석이 발견되었다.

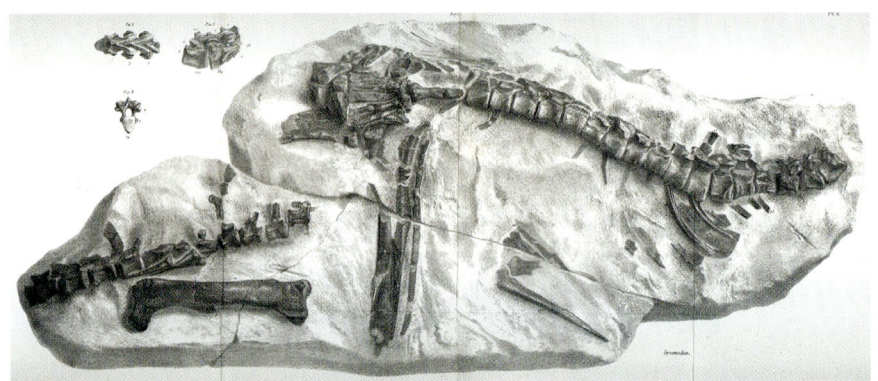 

멘텔이 발견한 힙실로포돈의 뼈 화석이 묻혀 있는 암석을 그린 그림

영국의 의사이자 고생물학자인 기디언 멘텔의 초상화

날쌘돌이, 힙실로포돈

강한 놈만 살아남을 수 있는 공룡 세계에서 힙실로포돈은 약자였다. 몸길이가 2m 정도에 불과한데다 육식 공룡의 공격을 막을 수 있는 별다른 무기도 없었기 때문이다. 하지만 힙실로포돈은 가벼운 몸과 근육이 잘 발달된 긴 뒷다리 덕분에 매우 빨리 달릴 수 있었다.

고생물학자들은 힙실로포돈의 생김새가 '나무타기캥거루'와 비슷해서 땅이 아닌 나무 위에서 생활했을 것으로 추측했다. 하지만 뒷다리의 생김새와 근육의 모양이 땅에서 생활하기에 더 적합하다는 것을 알아냈다.

다양한 나이의 힙실로포돈 화석이 한 곳에서 한꺼번에 발견된 점과 비교적 제대로 형태를 갖춘 알둥지 등이 발견된 점으로 보아 힙실로포돈은 여러 마리가 무리 지어 생활하면서 육식 공룡의 공격을 피한 것으로 보인다.

벨기에 브뤼셀 자연사 박물관에 전시된 걸어가고 있는 모습의 힙실로포돈의 전신 골격 모형

공룡의 달리기 실력

공룡들의 달리기 실력은 어땠을까? 공룡의 종류가 다양했던 만큼 달리기 실력도 천차만별이었다. 힙실로포돈처럼 빨리 움직이는 공룡이 있는가 하면 부경고사우루스처럼 느릿느릿 다닌 공룡도 있었다.

빠른 속도를 자랑하는 공룡은 대개 몸이 가볍고, 몸집에 비해 다리가 길었다. 힙실로포돈은 다리가 길고, 발끝만 땅에 닿게 하는 방법으로 달렸기 때문에 빠른 속도를 낼 수 있었고, 달리는 도중 방향도 쉽게 바꿀 수 있었다.

달리는 속도가 가장 빠른 공룡은 백악기 후기에 살았던 드로미케이오미무스다. 캐나다에서 화석이 발견된 드로미케이오미무스의 최대 속력은 시속 60km로, 달리기 선수들의 순간 속도인 시속 36km보다도 빠르다. 또 다른 속도가 빠른 공룡으로는 갈리미무스가 있는데, 시속 45~50km로 달릴 수 있었을 것으로 추정된다.

캐나다 로열 온타리오 박물관에 전시된 드로미케이오미무스의 전신 골격 모형

반면 몸집이 큰 용각류, 온몸이 갑옷으로 둘러싸인 곡룡류, 거대한 뿔이 나 있는 각룡류는 느림보 공룡이었다. 곡룡류와 각룡류는 뿔과 갑옷의 무게 때문에, 용각류는 거대한 몸집 때문에 속력을 낼 수 없었다. 그중에서도 움직임이 가장 느린 공룡은 거대 용각류 브라키오사우루스였다. 브라키오사우루스의 최대 속력은 시속 4~6km로, 사람이 걷는 속도와 비슷했다.

폭군 공룡으로 널리 알려진 티라노사우루스도 달리기 실력이 좋지 않았다. 달리기 선수의 순간 속도보다 느린 최대 시속 18km 정도밖에 되지 않았을 것으로 추측하고 있다. 그런 이유 때문에 우리가 생각하는 것과 달리 티라노사우루스가 실제로는 사냥을 잘하지 못했을 거라는 주장도 있다. 하지만 대부분의 고생물학자들은 티라노사우루스가 충분히 먹잇감을 사냥할 수 있었을 것으로 판단하고 있다. 꼭 달리기를 잘해야 사냥에 성공하는 건 아니기 때문이다.

그런데 공룡들의 움직이는 속도는 어떻게 알아내는 걸까? 그 답은 공룡이 남긴 발자국 화석에 있다. 발자국과 발자국 사이의 거리, 즉 보폭을 측정해 보는 것이다. 걸어갈 때보다는 뛰어갈 때 발자국 사이의 간격이 넓어지는 원리를 이용해 각 공룡의 움직이는 속도를 추정한다.

미국 필드 자연사 박물관에 전시된 브라키오사우루스의 전신 골격 모형

004

벨로키랍토르 · 한반도의 공룡

민첩한 사냥꾼
벨로키랍토르

몸집은 작지만 무서운 육식 공룡이다. 뒷다리는 길고 튼튼하며, 앞다리는 자유자재로 움직일 수 있었다. 무리를 지어 사냥하는 벨로키랍토르는 뛰어난 사냥꾼이었다. 행동이 매우 빠르고 민첩했으며, 뒷발에 있는 갈고리발톱은 사냥감을 공격하는 위협적인 무기였다.

 입
입안에 약 60여 개의 뾰족한 이빨이 나 있다. 특히 안쪽에 있는 이빨은 톱니처럼 날카로워서 한번 문 먹잇감은 놓치지 않았다.

 앞발
커다란 앞발은 세 개의 발가락으로 이루어져 있으며, 발가락에는 끝이 구부러진, 강력한 발톱이 있다.

Velociraptor mongoliensis

46억 년 전~5억 4200만 년 전	캄브리아기 5억 4200만 년 전~4억 8830만 년 전	오르도비스기 4억 8830만 년 전~4억 4370만 년 전	실루리아기 4억 4370만 년 전~4억 1600만 년 전	데본기 4억 1600만 년 전~3억 5920만 년 전	석탄기 3억 5920만 년 전~2억 99...
선캄브리아기	고생대 5억 4200만 년 전~2억 5100만 년 전				

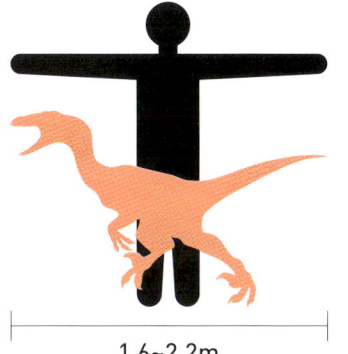

1.6~2.2m

◉ 벨로키랍토르 기본 정보

학명	*Velociraptor mongoliensis*
분류	용반목 〉 수각류 〉 드로마에오사우루스과
몸길이	1.6~2.2m
몸무게	15~20kg
식성	육식
보행	두 발로 걸음
이름의 의미	재빠른 도둑
서식 시기	백악기 후기(7500만 년 전~7100만 년 전)
발견 장소	몽골, 중국

◉ 꼬리
몸집에 비해 길다. 걷거나 뛸 때 몸의 균형을 잡아 주고 뒷발로 먹잇감을 공격할 때 넘어지지 않도록 도와주었다.

◉ 뒷다리
네 개의 발가락 중 두 번째 발가락에 난 갈고리발톱은 칼날처럼 날카롭고, 끝이 뾰족하다. 달릴 때에는 갈고리발톱이 땅에 닿지 않도록 위쪽으로 치켜든 채 달렸다.

벨로키랍토르의 화석은

1924년에 몽골의 고비 사막에서 화석 발굴가 로이 채프먼 앤드루스가 처음 발견했다. 1971년에는 벨로키랍토르와 프로토케라톱스가 싸우고 있는 모습의 화석이 고비 사막에서 발견되었다. 벨로키랍토르는 프로토케라톱스의 배를 발톱으로 공격하고 있고, 프로토케라톱스는 입으로 벨로키랍토르의 앞다리를 물고 있다. 아마도 벨로키랍토르와 프로토케라톱스가 싸우다가 모래에 묻힌 후 화석이 된 것으로 추정된다. 7300만 년 전 육식 공룡인 벨로키랍토르가 초식 공룡인 프로토케라톱스를 사냥하는 모습을 잘 보여 주는 화석이다.

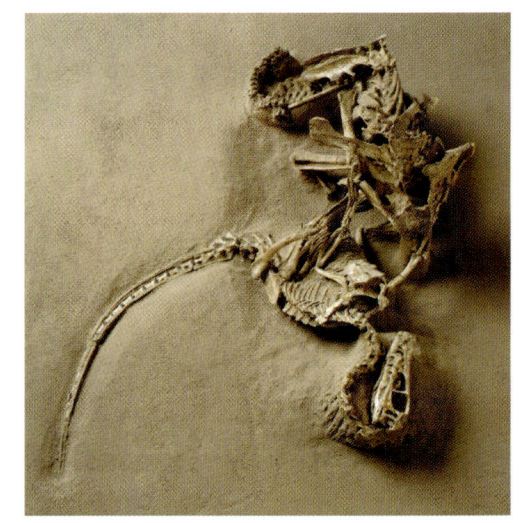

1971년에 몽골의 고비 사막에서 발견된 프로토케라톱스를 공격하는 벨로키랍토르의 화석

벨로키랍토르의 비장의 무기

대부분의 육식 공룡은 몸집이 컸지만 벨로키랍토르는 몸집이 작았다. 하지만 매우 뛰어난 사냥꾼이었다. 몸무게는 20kg이 채 되지 않고, 똑바로 섰을 때의 키가 어른의 허리 높이에 불과하다. 그러나 벨로키랍토르에게 몸집이 작다는 것은 별다른 단점이 아니었다. 이를 극복할 수 있는 특별한 무기들이 있었기 때문이다.

벨로키랍토르의 가장 큰 무기는 뒷발에 달린 날카로운 갈고리발톱이다. 벨로키랍토르는 사냥할 때 다른 공룡의 몸에 올라탄 다음 갈고리발톱으로 찍어서 치명적인 상처를 입혔다. 벨로키랍토르는 뒷다리의 근육이 잘 발달되어서 먹잇감을 빠르게 쫓을 수 있었을 뿐만 아니라 시각과 후각이 좋아서 먹잇감이 있는 위치와 먹잇감과의 거리를 잘 알 수 있었다.

또 벨로키랍토르는 꽤 영리한 공룡이다. 공룡이 똑똑한지 아닌지는 뇌의 크기로 알 수 있는데, 벨로키랍토르는 몸집에 비해 뇌가 큰 편이다. 벨로키랍토르는 주로 덩치가 크고 행동이 느린 초식 공룡들을 사냥했는데, 어린 새끼 공룡이나 병든 공룡이 무리에서 벗어나는 순간을 노리고 있다가 사냥했다. 어떤 공룡을 공격해야 사냥에 성공할 수 있는지를 알고 있었다는 이야기다.

벨로키랍토르의 머리뼈 화석

게다가 벨로키랍토르는 늘 여러 마리가 무리 지어 사냥했기 때문에 브라키오사우루스만큼 덩치가 큰 초식 공룡이라 할지라도 사나운 벨로키랍토르의 합동 공격을 당해 내지는 못했다.

낫 모양을 닮은 벨로키랍토르의 갈고리발톱 화석

미국 와이오밍 공룡 센터에 전시된 벨로키랍토르의 전신 골격 모형

■■ 공룡계의 사냥꾼, 수각류

수각류는 지구상에 처음 나타난 공룡의 무리로, 육식 공룡들은 모두 수각류이다. 사람들에게 잘 알려진 타르보사우루스, 티라노사우루스, 벨로키랍토르는 모두 수각류이다.

수각류는 대부분 몸집에 비해 머리가 컸지만 행동이 재빠르며, 날카로운 이빨과 큰 충격도 거뜬히 흡수하는 강한 턱, 뾰족하고 튼튼한 발톱이 있었다. 발톱의 생김새와 크기, 쓰임새는 공룡마다 조금씩 달랐다. 먹이를 움켜쥐거나 찢기에 알맞게 생긴 발톱이 있는가 하면, 사냥감을 단번에 자르기에 알맞게 생긴 발톱도 있다.

수각류의 또 다른 특징은 두 발로 걷는다는 점이다. 공룡 중에서 최초로 두 발로 걸은 수각류의 앞발은 대부분 짧다. 수각류의 앞발이 짧은 이유는 아직까지 정확하게 밝혀지지 않았다. 자주 쓰지 않아 점차 퇴화되었을 거라고 주장하는 학자가 대부분이지만 원래부터 짧았을 거라고 주장하는 학자도 있다.

005

꼬리 곤봉이 달린
안킬로사우루스

뼈로 된 갑옷으로 온몸을 무장한 초식 공룡이다. 꼬리 끝에는 사람 머리만 한 뼈 뭉치인 꼬리 곤봉이 달려 있다. 다리는 짧고 굵어서 빨리 달리지 못했지만 단단한 몸과 꼬리 곤봉 덕분에 사나운 육식 공룡도 함부로 공격하지 못했다.

꼬리
끝에 여러 개의 뼈로 이루어진 단단한 뼈 뭉치가 달려 있다. 꼬리 곤봉에 맞은 육식 공룡의 다리뼈가 박살날 정도로 꼬리 근육도 강했다.

다리
길이가 짧고 굵으며, 발은 두툼하다. 다리가 짧아 천천히 걸어 다녔다.

안킬로사우루스 · 한반도의 공룡

Ankylosaurus magniventris

| 46억 년 전~5억 4200만 년 전 | 캄브리아기 5억 4200만 년 전~4억 8830만 년 전 | 오르도비스기 4억 8830만 년 전~4억 4370만 년 전 | 실루리아기 4억 4370만 년 전~4억 1600만 년 전 | 데본기 4억 1600만 년 전~3억 5920만 년 전 | 석탄기 3억 5920만 년 전~2억 99 |

| 선캄브리아기 | 고생대 5억 4200만 년 전~2억 5100만 년 전 |

6~7m

🔶 안킬로사우루스 기본 정보

학명	*Ankylosaurus magniventris*
분류	조반목 > 곡룡류 > 안킬로사우루스과
몸길이	6~7m
몸무게	약 6t
식성	초식
보행	네 발로 걸음
이름의 의미	뻣뻣한 도마뱀
서식 시기	백악기 후기(6800만 년 전~6550만 년 전)
발견 장소	미국, 캐나다

🔶 등
머리에서부터 꼬리까지 딱딱한 뼈가 갑옷처럼 덮여 있다. 갑옷 위로는 뾰죽한 가시가 솟아 있다.

🔶 머리
납작한 모양에 폭이 넓다. 길이는 76cm 정도로, 머리 뒷부분 양쪽에 뿔 모양의 돌기가 솟아 있다. 뇌의 크기는 매우 작다.

🔶 입
새의 부리처럼 단단하다. 단단한 부리로 질긴 식물 줄기도 잘라낼 수 있었지만 이빨이 작고 약해 씹지 못하고 통째로 삼켰다.

페름기 2억 9900만 년 전~2억 5100만 년 전 | 트라이아스기 2억 5100만 년 전~1억 9960만 년 전 | 쥐라기 1억 9960만 년 전~1억 4550만 년 전 | 백악기 1억 4550만 년 전~6550만 년 전 | 고제3기 6550만 년 전~2303만 년 전 | 신제3기 2303만 년 전~

중생대 2억 5100만 년 전~6550만 년 전 | 신생대 6550만 년~

37

안킬로사우루스 화석은

1900년대에 미국에서 안킬로사우루스의 갑옷 파편이 나오면서 처음 발견되었다. 하지만 당시에는 안킬로사우루스에 관해 전혀 알지 못했고, 거대한 육식 공룡의 뼈 화석과 함께 발견되어 학자들은 안킬로사우루스의 갑옷 파편을 다른 공룡의 뼈 화석이라고 착각하였다. 하지만 시간이 흐른 뒤, 함께 발견된 뼈 화석은 티라노사우루스의 것이고, 갑옷 파편은 안킬로사우루스의 것이라는 사실이 밝혀졌다.

안킬로사우루스의 화석을 처음 발견한 미국의 고생물학자 바넘 브라운

최강 방어력, 안킬로사우루스

안킬로사우루스의 가장 큰 특징은 온몸을 덮고 있는 딱딱한 갑옷이다. 뼈로 된 안킬로사우루스의 갑옷은 매우 단단했기 때문에 사나운 육식 공룡들도 함부로 덤비지 못했다. 육식 공룡이 안킬로사우루스의 갑옷을 물어뜯으면 도리어 육식 공룡의 이빨이 부러질 정도였다. 이 갑옷 때문에 안킬로사우루스는 마치 거대한 장갑차나 탱크처럼 보인다.

육식 공룡이 덤비면 안킬로사우루스는 일단 몸을 땅에 납작 엎드렸는데, 배에는 갑옷이 없어서 땅에 엎드려 부드러운 배를 보호하기 위해서였다. 그래도 육식 공룡이 물러나지 않으면 꼬리 곤봉을 휘둘러 육식 공룡과 맞서 싸웠다. 꼬리 끝에 있는 여러 개의 뼈가 모여 만들어진 꼬리 곤봉에 맞으면 육식 공룡도 살아남기 어려웠다.

다리는 매우 짧고 굵은데, 이는 장점이면서 동시에 단점이었다. 다리가 짧아서 빨리 걸을 수는 없었지만 육식 공룡과 싸울 때 몸이 뒤집히는 것을 막아 주었기 때문이다. 두툼하고 묵직한 네 개의 발 역시 안킬로사우루스의 몸이 뒤집히는 것을 막아 주는 데 한몫하였다.

안킬로사우루스는 대부분의 시간을 천천히 걸어 다니며 키 작은 식물을 뜯어 먹고 생활하였을 것으로 보인다.

안킬로사우루스의 꼬리 곤봉 화석

장갑차처럼 튼튼한 곡룡류!

안킬로사우루스와 같이 온몸이 딱딱한 갑옷으로 덮여 있어서 마치 장갑차나 탱크처럼 보이는 공룡의 무리를 곡룡류라고 한다. 곡룡류를 '갑옷 공룡'이라고 부르기도 한다. 곡룡류는 크게 노도사우루스류와 안킬로사우루스류로 나눌 수 있는데, 노도사우루스류는 정면에서 바라봤을 때 머리뼈의 폭이 좁은 것이 특징이고, 안킬로사우루스류는 꼬리에 꼬리 곤봉이 달린 것이 특징이다.

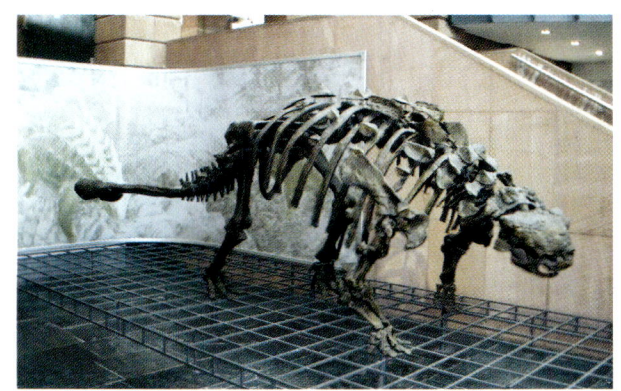
독일 젠켄베르크 자연사 박물관에 전시된 안킬로사우루스류 중 하나인 유오플로케팔루스의 전신 골격 모형

몽골 국립 박물관에 전시된 안킬로사우루스의 골격 화석

거칠지만 유연한 공룡의 피부

안킬로사우루스처럼 온몸에 갑옷을 두르지는 않았어도 공룡 피부는 대부분 매우 두껍고 거칠었다. 그래서 작은 벌레나 기생충의 공격도 철저히 막아 냈고, 날카로운 나뭇가지에 긁혀도 쉽게 상처가 나지 않았다. 그렇지만 공룡의 피부는 보기와는 다르게 유연해서 몸을 자유롭게 움직이는 데 전혀 무리가 없었다.

공룡의 피부가 두껍고 거칠었지만 유연했다는 것은 가끔씩 발견되는 공룡의 피부 화석을 통해 알아낸

안킬로사우루스의 피부 화석

사실이다. 하지만 피부 화석을 통해서도 알아낼 수 없는 것이 있는데, 그것은 바로 피부의 색깔이다. 화석의 색깔은 화석이 묻혀 있던 암석의 색깔에 영향을 받기 때문에 피부 화석을 통해서는 공룡의 몸 색깔이 무슨 색깔이었는지 알아낼 수 없다.

그렇다면 오늘날 책이나 박물관에 전시된 공룡 모형의 색은 100% 거짓말일까? 꼭 그렇지는 않다. 여러 자료를 통해 추측해 보면 공룡들도 오늘날의 동물들처럼 보호색을 가졌을 것이 분명하기 때문이다. 고생물학자들은 공룡들이 나무나 암석 뒤에 숨었을 때 눈에 띄지 않도록 어두운 색의 피부를 지녔을 것이며, 줄무늬와 반점이 있었을 것이라고 말한다. 줄무늬는 몸의 테두리가 흐릿하게 보이도록 해 몸을 숨기는 것을 도와주고, 반점 역시 주위 사물과 잘 구별되지 않도록 해 주는 효과가 있기 때문이다.

006

유니콘 공룡
친타오사우루스

머리 위에 긴 볏이 솟아 있는 초식 공룡이다. 중국 칭다오에서 처음 화석이 발견되었다. 몸집이 크고 성격은 온순했으며 무리를 지어 살았다. 평소에는 네 발로 걸었지만 필요할 때는 앞발을 들고 두 발로 걷기도 했다.

○ 볏
눈과 눈 사이에 우뚝 솟아 있다. 볏의 끝은 양쪽으로 갈라져 있다.

○ 입
오리의 부리처럼 넓적하다. 턱과 이빨이 튼튼해서 질기고 딱딱한 식물도 잘 먹었다.

○ 앞발
발가락이 네 개이며, 특히 네 번째 발가락은 다른 발가락에 비해 짧다.

Tsintaosaurus spinorhinus

친타오사우루스 · 한반도의 공룡

선캄브리아기	고생대 5억 4200만 년 전~2억 5100만 년 전					
46억 년 전~5억 4200만 년 전	캄브리아기 5억 4200만 년 전~4억 8830만 년 전	오르도비스기 4억 8830만 년 전~4억 4370만 년 전	실루리아기 4억 4370만 년 전~4억 1600만 년 전	데본기 4억 1600만 년 전~3억 5920만 년 전	석탄기 3억 5920만 년 전~2억 9...

9~10m

등
등뼈와 꼬리뼈 부위의 신경돌기가 솟아 있어서 실제 몸보다 커 보였다.

친타오사우루스 기본 정보

학명	*Tsintaosaurus spinorhinus*
분류	조반목 〉 조각류 〉 하드로사우루스과
몸길이	9~10m
몸무게	3~5t
식성	초식
보행	두 발로 걷거나 네 발로 걸음
이름의 의미	칭다오의 도마뱀
서식 시기	백악기 후기(8000만 년 전~7000만 년 전)
발견 장소	중국

뒷다리
앞다리보다 길고 단단하다. 네 개의 발가락 중에서 앞을 향해 있는 세 개의 발가락은 크다. 퇴화된 첫째 발가락은 작아서 땅에 닿지 않았다.

친타오사우루스 화석은

1958년에 중국의 칭다오에서 처음 화석이 발견되었다. 화석이 발견된 지역의 이름을 따서 친타오사우루스라는 이름이 붙었다. 화석이 발견되었을 때 볏도 함께 발굴되었는데, 고생물학자들은 이것이 친타오사우루스 머리뼈의 파편이거나 다른 동물의 뼈일 것이라 생각했다.
하지만 이후에 볏이 남아 있는 친타오사우루스의 머리뼈 화석이 발견되면서 칭다오에서 발견된 뼈 화석이 머리뼈의 파편도, 다른 동물의 뼈도 아닌 친타오사우루스의 볏이라는 사실을 알게 되었다. 볏은 눈과 눈 사이의 이마 부분에 솟아 있는데, 단단하지 않아서 다른 공룡을 공격하거나 공격을 막는 데 사용하지는 않았을 것으로 보인다.

중국 고동물관에 전시되어 있는 친타오사우루스의 전신 골격 모형

유니콘을 닮은 볏과 오리를 닮은 주둥이

친타오사우루스의 가장 큰 특징은 머리 위에 있는 볏이다. 볏이 마치 뿔처럼 보이기도 해서 친타오사우루스를 '유니콘 공룡'이라고 부르기도 한다. 친타오사우루스의 또 다른 특징은 다른 오리 주둥이 공룡과 마찬가지로 오리 주둥이처럼 생긴 입이다. 입안에 촘촘하게 줄지어 나 있는 여러 개의 이빨은 강판처럼 질긴 섬유 조직까지도 문제없이 갈아서 먹을 수 있었다.

친타오사우루스 상상도

발자국이 알려 주는 비밀

고생물학자들은 공룡 발자국 화석을 통해 많은 것을 알아내려고 한다. 같은 방향을 향해 연달아 찍힌 여러 개의 공룡 발자국 화석을 보면 공룡들이 무리 생활을 했다는 것을 알 수 있다. 이 발자국들은 공룡들이 떼지어 이동한 증거이기 때문이다. 전라남도 여수시 추도에서는 친타오사우루스와 같은 조각류의 발자국이 여러 개 발견되었는데, 이 발자국 역시 같은 방향을 향하고 있다.

그뿐만 아니라 전라남도 여수 일대에서는 3,600개 이상의 공룡 발자국 화석이 발견되었다. 특히 사도와 낭도에서는 다수의 조각류, 용각류의 발자국이 함께 발견되었다. 그로 인해 전라남도 여수 일대는 세계적인 공룡 집단 서식지로 인정받았다. 특히 총 길이가 84m에 이르는 공룡 발자국 행렬 화석은 세계적으로 보기 드문 발자국 화석이다.

이로써 한반도에도 무리 생활을 하는 조각류가 살았다는 것을 알 수 있게 되었다. 백악기 후기에 살았던 조각류는 대부분 친타오사우루스가 속한 오리 주둥이 공룡들이다.

천연기념물 제434호인 전라남도 여수시 낭도리에서 발견된 친타오사우루스와 같은 조각류 발자국 화석

007

긴 볏을 가진 공룡
카로노사우루스

머리에 긴 볏이 있는 초식 공룡이다. 아시아에 살았던 공룡 중 가장 큰 산퉁고사우루스 다음으로 몸집이 크다. 머리에 있는 긴 볏의 쓰임새는 아직까지 정확하게 알 수 없지만 의사소통을 하는 데 이용됐을 것으로 보인다. 성격이 온순하고 육식 공룡의 공격을 막을 특별한 무기가 없어서 무리를 지어 살았다.

○ 입
오리의 부리처럼 넓적하다. 단단한 부리로 풀이나 나뭇가지를 잘라 먹었다.

○ 앞다리
뒷다리로 섰을 때 앞발로 열매를 움켜쥐거나 풀을 잡아당길 수 있었다. 발가락이 길다.

카로노사우루스 · 한반도의 공룡

Charonosaurus jiayinensis

| 46억 년 전-5억 4200만 년 전 | 캄브리아기 5억 4200만 년 전-4억 8830만 년 전 | 오르도비스기 4억 8830만 년 전-4억 4370만 년 전 | 실루리아기 4억 4370만 년 전-4억 1600만 년 전 | 데본기 4억 1600만 년 전-3억 5920만 년 전 | 석탄기 3억 5920만 년 전-2억 9 |

| 선캄브리아기 | 고생대 5억 4200만 년 전~2억 5100만 년 전 |

44

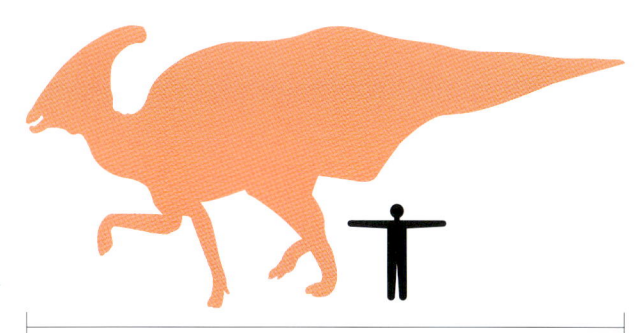

11~13m

볏
길이는 1m 정도로 길며, 속은 비어 있다. 다른 공룡의 공격을 받으면 볏을 울려 무리에게 위험을 알렸을 것으로 추정된다.

카로노사우루스 기본 정보

학명	*Charonosaurus jiayinensis*
분류	조반목 〉 조각류 〉 하드로사우루스과
몸길이	11~13m
몸무게	약 6t
식성	초식
보행	두 발로 걷거나 네 발로 걸음
이름의 의미	카론의 도마뱀
서식 시기	백악기 후기(7000만 년 전~6550만 년 전)
발견 장소	중국, 러시아

뒷다리
앞다리보다 길다. 굵고 튼튼해서 주로 두 발로 걸어 다녔다.

카로노사우루스 화석은

러시아와 중국을 흐르는 헤이룽 강(러시아 이름은 아무르 강) 남쪽에서 머리뼈의 일부분을 비롯한 다른 부위의 뼈 화석이 발견되었다. 이때 발견된 넓적다리뼈의 길이는 1.35m로, 카로노사우루스가 매우 몸집이 큰 공룡임을 짐작할 수 있었다. 넓적다리뼈의 길이는 티라노사우루스 렉스 가운데 가장 몸집이 큰 '수(sue)'보다도 길다.

카로노사우루스는 '카론의 도마뱀'이라는 뜻으로, 카로노사우루스의 화석이 헤이룽 강 근처에서 발견되었기 때문에 붙은 이름이다. 헤이룽 강은 흙탕물이 흘러 검은빛을 띤다. 그런데 이것이 그리스 로마 신화에 나오는 죽은 영혼들이 반드시 건너야 하는 스틱스 강을 연상시켰고, 스틱스 강에서 영혼을 실어 나르는 뱃사공의 이름인 '카론'을 화석의 이름을 짓는 데 사용한 것이다.

미국 필드 자연사 박물관에 전시된 티라노사우루스 렉스 중 가장 몸집이 큰 '수(sue)'의 전신 골격 모형

러시아 화가 알렉산드르 리토브첸코가 그린 스틱스 강에서 영혼들을 실어 나르는 뱃사공 카론의 모습

길쭉한 볏, 무엇에 쓰는 물건인고?

카로노사우루스의 생김새 중에서 단연 눈에 띄는 것은 길쭉한 볏이다. 하지만 아직까지 잘 보존된 카로노사우루스의 머리뼈 화석이 발견되지 않아 볏의 온전한 생김새를 알지 못한다. 그뿐만 아니라 볏의 쓰임새에 대해서도 정확하게 알지 못한다. 대부분의 고생물학자들은 볏이 길쭉하고 안이 비어 있기 때문에 의사 전달을 하거나 육식 공룡이 침입했을 때 경고음을 내는 데 사용했을 거라고 추측하고 있다. 카로노사우루스의 머리뼈는 파라사우롤로푸스의 머리뼈와 비슷해서 이를 통해 카로노사우루스 볏의 비밀을 알아내려고 노력하고 있다.

캐나다 로열 온타리오 박물관에 전시된 파라사우롤로푸스의 머리뼈 화석

뭉쳐야 살아남는다!

카로노사우루스는 육식 공룡이 공격했을 때 스스로를 보호할 수 있는 무기가 하나도 없었다. 뿔도, 갑옷도, 단단한 꼬리도 없었다. 게다가 카로노사우루스는 적에게서 재빨리 달아날 수 있을 만큼 민첩하지도 않았고, 달리기도 잘하지 못했다. 그래서 몸집이 작은 공룡들처럼 여러 마리가 함께 무리 지어 생활하면서 스스로를 보호했다. 보통 20~30마리씩 무리 지어 생활한 것으로 보고 있다. 하지만 시간이 지나면서 점차 카로노사우루스는 티라노사우루스를 능가할 정도로 몸집이 커졌고, 결국 몸집이 큰 육식 공룡들도 쉽사리 덤빌 수 없게 되었다.

다양한 볏을 달고 있는 오리 주둥이 공룡

하드로사우루스류에 속하는 공룡들을 '오리 주둥이 공룡'이라고도 부른다. 오리 주둥이 공룡들은 말 그대로 오리처럼 납작하고 긴 주둥이를 가졌다. 또한 대부분의 오리 주둥이 공룡들은 머리에 볏이 달려 있다. 뒷다리는 길지만 앞다리는 짧아서 먹이를 구할 때에는 네 발로 걷다가 위험할 때에는 앞발을 들고 두 발로 도망쳤다.

캐나다 로열 온타리오 박물관에 전시된 코리토사우루스의 전신 골격 모형

새끼를 잘 돌본 것으로 유명한 마이아사우라도 오리 주둥이 공룡 가운데 하나이고, 람베오사우루스, 파라사우롤로푸스, 코리토사우루스도 오리 주둥이 공룡에 속하는 공룡이다.

■■ 공룡들의 대화법

대다수의 고생물학자는 오리 주둥이 공룡들이 속이 빈 볏을 울려 주변 공룡들에게 적의 위치를 알리거나 혹은 짝짓기 시기에 상대방에게 자신의 매력을 전달했을 것으로 추정하고 있다.
그렇다면 볏이 없는 공룡들은 위험이 닥치면 어떻게 주변 공룡들에게 위험을 전달했을까?
두 발로 걷는 공룡들은 입으로 소리를 냈을 것으로 추측하고 있고, 볏이 없는 오리 주둥이 공룡들은 코 주변의 피부 주머니를 부풀려 소리를 냈을 것으로 보고 있다. 특히 코 주변의 피부 주머니를 이용해 소리를 내는 오리 주둥이 공룡은 콧구멍 주변의 근육을 조이는 정도에 따라 다양한 소리를 낼 수 있었을 것으로 추정된다.
고생물학자들은 많은 공룡이 소리 외에도 몸의 색깔을 이용해 자신의 영역을 표시하거나 짝짓기 시기에 짝을 찾았을 것으로 보고 있다.

아시아의 티라노사우루스
타르보사우루스

아시아에 살았던 공룡 가운데 덩치가 가장 큰 육식 공룡이다. 몸집에 비해 머리가 크다. 뒷다리는 길고 튼튼한데 비해 앞다리는 아주 작다. 북아메리카에서 화석이 발견된 티라노사우루스의 조상으로 여겨지는데, 티라노사우루스보다 몸이 약간 더 작고 민첩한 편이다.

○ 입
입안에 약 15㎝ 길이의 날카로운 이빨이 50개 정도 나 있다. 한번 문 먹잇감은 웬만해서는 놓치지 않을 만큼 턱의 힘이 강하다.

○ 머리
크고 폭이 좁다. 머리뼈 안에 빈 공간이 많아 크기에 비해 가볍다. 눈은 앞쪽을 향해 있어 사물을 또렷하게 볼 수 있었다.

○ 앞다리
몸집에 비해 아주 작다. 두 개의 발가락 끝에는 조그만 발톱이 나 있다.

008 타르보사우루스 · 한반도의 공룡

Tarbosaurus bataar

| 46억 년 전~5억 4200만 년 전 | 캄브리아기 5억 4200만 년 전~4억 8830만 년 전 | 오르도비스기 4억 8830만 년 전~4억 4370만 년 전 | 실루리아기 4억 4370만 년 전~4억 1600만 년 전 | 데본기 4억 1600만 년 전~3억 5920만 년 전 | 석탄기 3억 5920만 년 전~2억 9... |

선캄브리아기 | 고생대 5억 4200만 년 전~2억 5100만 년 전

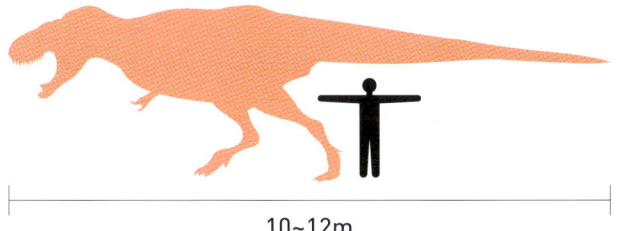

10~12m

🎯 타르보사우루스 기본 정보

학명	*Tarbosaurus bataar*
분류	용반목 〉수각류 〉티라노사우루스과
몸길이	10~12m
몸무게	3~5t
식성	육식
보행	두 발로 걸음
이름의 의미	두려움에 떨게 만드는 도마뱀
서식 시기	백악기 후기(7000만 년 전~6500만 년 전)
발견 장소	몽골, 중국

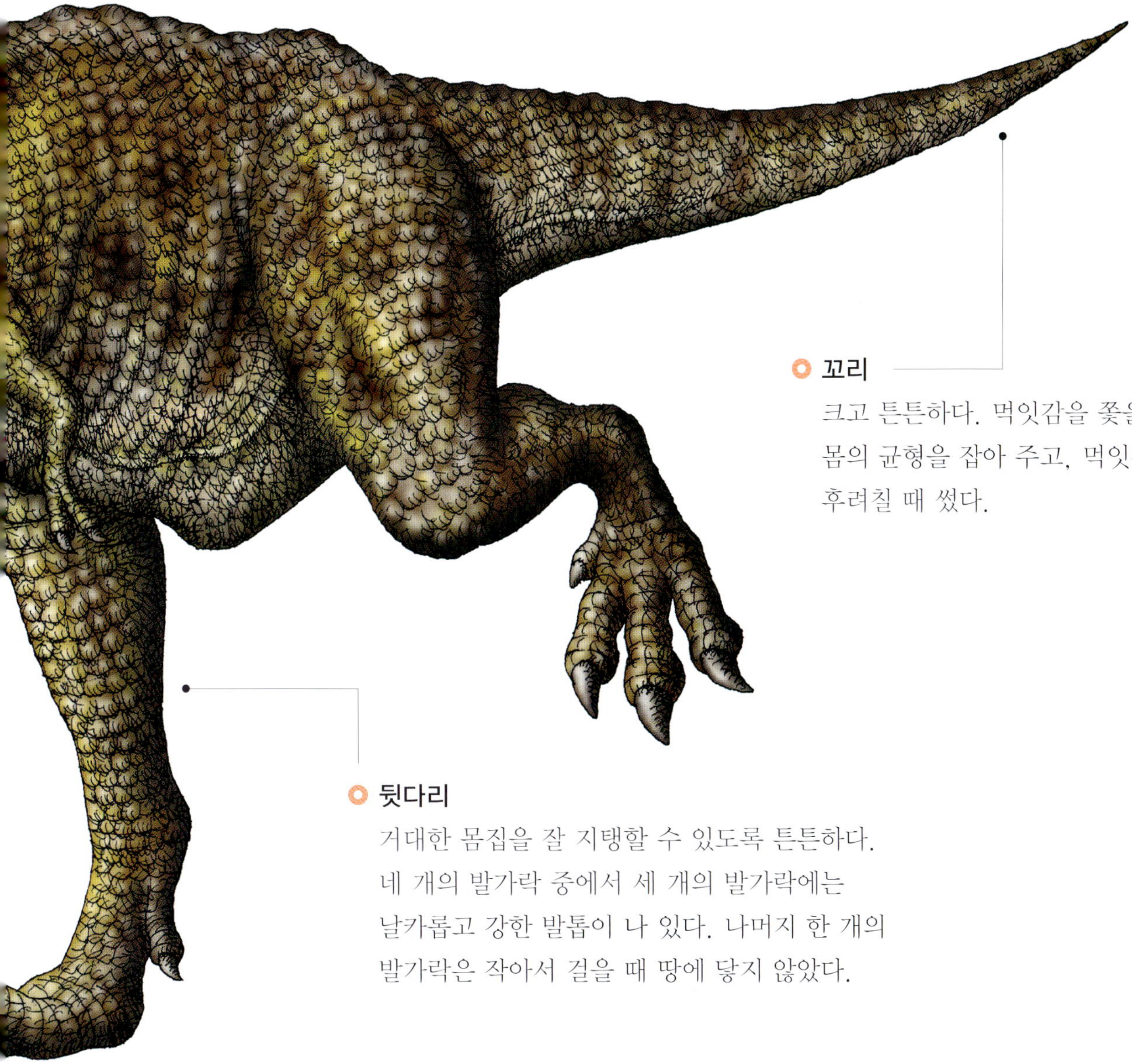

⭕ 꼬리

크고 튼튼하다. 먹잇감을 쫓을 때 몸의 균형을 잡아 주고, 먹잇감을 후려칠 때 썼다.

⭕ 뒷다리

거대한 몸집을 잘 지탱할 수 있도록 튼튼하다. 네 개의 발가락 중에서 세 개의 발가락에는 날카롭고 강한 발톱이 나 있다. 나머지 한 개의 발가락은 작아서 걸을 때 땅에 닿지 않았다.

타르보사우루스의 화석은

1946년에 몽골의 고비 사막에서 처음 발견되었다. 러시아 학자들이 고비 사막을 탐사하던 중 타르보사우루스의 머리뼈와 등뼈의 일부를 발견한 것이다. 1955년에 러시아의 고생물학자 예브게니 말리예브가 '타르보사우루스 타르보'라고 이름 지었다. 가장 잘 알려진 육식 공룡인 티라노사우루스와 생김새와 몸집이 비슷하지만 몇 가지 차이점이 있어 새로운 이름을 갖게 되었다. 2008년에는 일본 하야시바라 자연사 박물관에서 거의 온전하게 남아 있는 다섯 살가량의 타르보사우루스의 뼈 화석을 공개하여 주목을 끌었다.

몽골의 고비 사막에서 미국-러시아-몽골 연합 공룡 발굴 팀이 타르보사우루스의 화석을 발굴하고 있는 모습

타르보사우루스는 한반도 공룡?

타르보사우루스가 아시아를 대표하는 공룡이니만큼 분명 우리나라에도 살았을 것이라 추측하고 있지만 아쉽게도 아직 타르보사우루스의 뼈나 발자국 화석은 발견되지 않았다. 하지만 타르보사우루스와 비슷한 티라노사우루스류에 속하는 공룡들이 살았던 흔적은 여기저기서 발견되고 있다. 경상남도 사천에서는 티라노사우루스의 조상형 공룡인 티라노사우로이드의 이빨 화석이 발견되었는데 길이가 13.6m, 폭이 5.9m이었다. 또한 전라남도 화순에서는 거대한 육식 공룡의 발자국이 발견되었다. 이 화석들을 통해 우리나라에도 티라노사우루스와 비슷한 공룡들이 살았다는 것을 알 수 있다. 당시 살았던 거대한 육식 공룡의 상당수가 타르보사우루스였으므로, 우리나라에도 타르보사우루스나 또는 타르보사우루스와 몸 크기가 비슷한 티라노사우루스류에 속하는 공룡들이 살았을 것이라고 추측할 수 있다.

전라남도 화순에서 발견된 거대한 육식 공룡의 발자국과 길게 이어진 육식 공룡의 발자국 화석

타르보사우루스와 티라노사우루스

스페인 바르셀로나 과학 박물관에 전시된 타르보사우루스의 전신 골격 모형

타르보사우루스와 티라노사우루스는 생김새와 몸집이 비슷하다. 그래서 확실하지는 않지만 타르보사우루스를 티라노사우루스의 조상으로 보기도 한다. 그럼에도 불구하고 두 공룡 사이에는 몇 가지 차이점이 있는데, 가장 큰 차이점은 머리뼈이다. 타르보사우루스의 머리뼈는 티라노사우루스보다 작고, 머리뼈에는 빈 곳이 많아 몸집이 비슷해도 타르보사우루스의 머리뼈가 더 가볍다. 지금까지 발견된 타르보사우루스 중에서 몸집이 가장 큰 것은 몸길이가 12m, 몸무게가 4~5t 정도이지만 티라노사우루스 렉스 중 하나인 '수(sue)'는 몸길이가 13m, 몸무게가 6~7t이다. 몸길이의 차이는 1m에 불과하지만 몸무게는 적게는 2t에서 많게는 3t 이상 차이가 나는 것이다. 또한 티라노사우루스의 뼈가 타르보사우루스보다 더 굵다. 지금까지 발견된 두 공룡의 뼈 화석을 연구한 결과에 따르면 티라노사우루스의 뼈 굵기가 타르보사우루스의 뼈 굵기보다 더 굵어서 비슷한 크기라 할지라도 티라노사우루스의 몸무게가 더 많이 나갔을 것으로 추정하고 있다. 그뿐만 아니라 티라노사우루스의 화석은 주로 북미 대륙에서 발견되고, 타르보사우루스의 화석은 주로 아시아 대륙에서 발견되어 서로 서식지가 달랐을 것으로 보고 있다.

무섭게 자라는 새끼 공룡

전라남도 신안군 압해도에서 발견된 국내 최대 크기의 육식 공룡의 알둥지 화석

타르보사우루스의 성장 과정을 정확하게 알 수는 없다. 성장 과정을 알 수 있을 만큼 화석이 많이 발견되지 않았기 때문이다. 하지만 비슷한 종류인 티라노사우루스와 비교했을 때 타르보사우루스도 매우 빠르게 성장한 것으로 보인다. 특히 열 살이 될 때까지 매우 빠르게 자랐는데 매년 600kg씩, 즉 하루에 1.6~2kg 정도씩 자랐고, 열여덟 살이 되면 자라는 속도가 점점 느려져 스물두 살이 되면 더 이상 자라지 않았다. 타르보사우루스나 티라노사우루스만 성장 속도가 빨랐던 것은 아니다. 대부분의 공룡은 성장 속도가 빨랐다. 공룡의 알은 크기가 다양했지만 지름이 50cm를 넘지 않았다. 공룡 알이 커지면 그만큼 두께가 두꺼워져야 하는데, 그러면 새끼가 알을 깨고 나오기가 쉽지 않기 때문이다. 새끼 공룡들은 하루에 1~2kg, 많게는 45kg씩 자라나 빠른 속도로 어른이 되었을 것으로 보인다.

009

거대한 발톱이 자랑인
테리지노사우루스

앞발에 거대한 낫 모양의 발톱이 있는 공룡이다. 그래서 '큰 낫 도마뱀'이라는 뜻의 테리지노사우루스라는 이름이 붙었다. 화석이 많이 발견되지 않아서 생김새를 정확하게 알 수 없다. 육식 공룡과 초식 공룡의 특징이 섞여 있다. 자신의 영역을 침범하는 것을 몹시 싫어해서 침입자에게는 강력한 공격을 가했다.

○ 입
새의 부리 모양이며 턱의 힘은 약했다. 입 앞쪽에는 이빨이 없고, 입 안쪽에만 작은 이빨이 여러 개 나 있다.

○ 앞다리
길이가 2.5m 정도이며, 새의 날개처럼 접힌다. 앞발에는 길이가 1m에 달하는 거대한 낫 모양의 발톱이 있다. 현재까지 발톱의 쓰임새는 정확히 밝혀지지 않았다.

Therizinosaurus cheloniformis

46억 년 전~5억 4200만 년 전	캄브리아기 5억 4200만 년 전~4억 8830만 년 전	오르도비스기 4억 8830만 년 전~4억 4370만 년 전	실루리아기 4억 4370만 년 전~4억 1600만 년 전	데본기 4억 1600만 년 전~3억 5920만 년 전	석탄기 3억 5920만 년 전~2억 9
선캄브리아기		고생대 5억 4200만 년 전~2억 5100만 년 전			

52

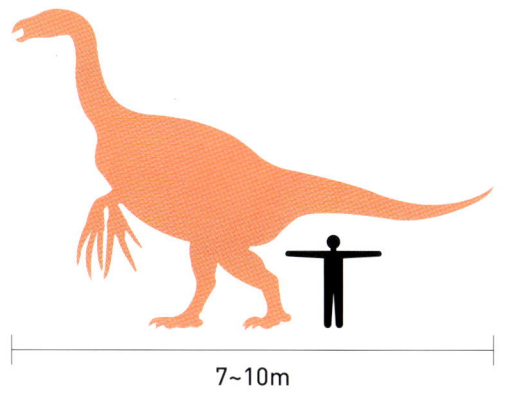

테리지노사우루스 기본 정보

학명	*Therizinosaurus cheloniformis*
분류	용반목 〉 수각류 〉 테리지노사우루스과
몸길이	7~10m
몸무게	4~8t
식성	초식 혹은 잡식
보행	두 발로 걸음
이름의 의미	큰 낫 도마뱀
서식 시기	백악기 후기(7200만 년 전~6800만 년 전)
발견 장소	몽골

머리
크기가 작고 길쭉하다.

뒷다리
짧고 굵어서 몸을 지탱하기에는 좋았지만 빨리 달리기에는 불편했다.

름기 2억 9900만 년 전~2억 5100만 년 전	트라이아스기 2억 5100만 년 전~1억 9960만 년 전	쥐라기 1억 9960만 년 전~1억 4550만 년 전	백악기 1억 4550만 년 전~6550만 년 전	고제3기 6550만 년 전~2303만 년 전	신제3기 2303만 년 전~
	중생대 2억 5100만 년 전~6550만 년 전			신생대 6550만 년~	

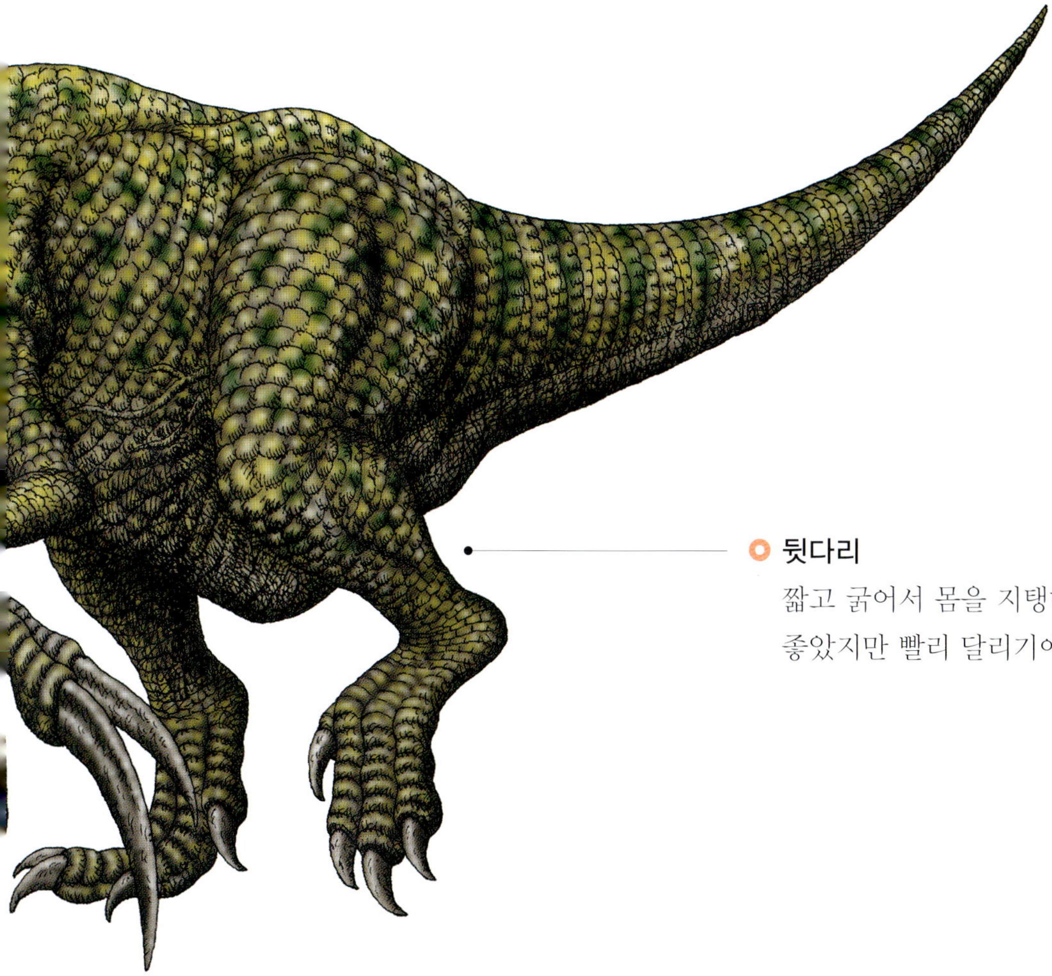

테리지노사우루스의 화석은

1940년대 몽골과 러시아 학자들이 몽골의 고비 사막을 탐사하던 중 발견하였다. 당시 발견된 화석은 테리지노사우루스의 앞 발톱으로, 길이가 무려 1m에 가까웠다. 그래서 고생물학자들은 이것을 거북의 갈비뼈일 것이라고 생각했다. 이렇게 큰 발톱이 있을 것이라고는 생각하지 못한 것이다.

발톱 화석이 발견된 이후 테리지노사우루스의 다른 골격 화석들도 일부 발견되었지만 아직까지 테리지노사우루스의 정확한 생김새를 알 수 있게 해 줄 만한 머리뼈 화석은 발견되지 않았다. 현재 복원된 테리지노사우루스의 모형은 비교적 화석이 잘 보존된 비슷한 종류의 다른 공룡 모습을 바탕으로 복원한 것이다.

아직까지 우리나라에서는 테리지노사우루스의 화석이 발견되지 않았지만 대부분의 화석이 몽골의 고비 사막에서 발견되었고, 백악기 후기까지 아시아에서 살았던 점으로 미루어 보아 우리나라에서도 살았을 것으로 추정된다.

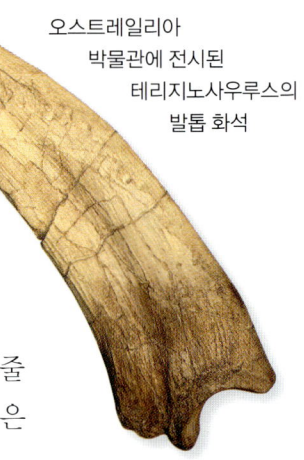

오스트레일리아 박물관에 전시된 테리지노사우루스의 발톱 화석

앞발의 거대한 발톱 어디에 쓰였을까?

테리지노사우루스를 대표하는 특징은 뭐니 뭐니 해도 길이가 1m에 이르는 거대한 앞 발톱이다. 하지만 아직까지도 고생물학자들은 테리지노사우루스 앞 발톱의 정확한 쓰임새를 알아내지 못했다.

테리지노사우루스의 거대한 앞 발톱의 쓰임새는 무엇이었을까? 고생물학자들은 다양한 가능성을 추측하고 있다.

식물의 잎을 긁어모으거나 뿌리를 파낼 때, 높은 곳에 있는 나뭇가지를 잡아당길 때 쓰였을 것이라고 주장하는 고생물학자도 있고, 흰개미 집을 부수거나 작은 동물들이 사는 굴을 파헤치는 데 썼을 것이라고 주장하는 고생물학자도 있다. 또 육식 공룡의 공격을 받았을 때 자신을 방어하는 무기로 사용했을 것이라고 주장하는 고생물학자도 있다. 하지만 앞 발톱의 생김새로 보아 테리지노사우루스가 앞다리를 자유롭게 휘두르기가 쉽지 않았을 것이기 때문에 무기로 사용했을 가능성은 그리 높지 않다.

스위스 아탈 공룡 박물관에 전시된 테리지노사우루스의 앞 발톱 모형

뭘 먹고 살았을까?

고생물학자들은 공룡의 이빨과 머리뼈의 생김새, 골격의 구조를 통해 공룡이 무엇을 먹었을지에 대해 알아낸다. 특히 이빨에는 많은 정보가 담겨 있는데, 육식 공룡의 이빨은 대부분 끝이 뒤쪽으로 약간 구부러져 있어서 한번 문 먹잇감은 웬만해선 놓치지 않았다. 또한 이빨이 칼날처럼 날카로워서 먹잇감의 숨통을 끊거나 살점을 자르기에 좋았다. 이에 비해 초식 공룡의 이빨은 넓적하게 생겨 식물을 끊거나 자르는 데 알맞았다.

하지만 테리지노사우루스는 이빨 화석은 물론 턱의 구조를 알 수 있게 해 주는 머리뼈가 발견되지 않았다. 그래서 고생물학자들은 아직까지 테리지노사우루스가 육식을 했는지 초식을 했는지에 대해 정확하게 밝혀내지 못했다.

테리지노사우루스 상상도

2006년 고성공룡세계엑스포 때 전시된 테리지노사우루스의 모형

소속을 밝혀라!

지금까지 발견된 화석을 통해 복원한 테리지노사우루스의 모습은 참으로 괴상하다. 머리와 목은 육식 공룡인 원시 용각류와 비슷하고, 새의 부리처럼 생긴 입은 초식 공룡인 조각류와 비슷하기 때문이다. 게다가 두 발로 걷는 육식 공룡이 대부분인 수각류처럼 발에 날카로운 발톱이 나 있지만, 치골의 모양은 초식 공룡이 대부분인 조반류의 특징을 지니고 있다. 이렇게 이 공룡, 저 공룡의 특징이 모두 섞여 있기 때문에 공룡을 연구하는 고생물학자들조차 테리지노사우루스를 분류하기가 쉽지 않다.

현재 테리지노사우루스는 백악기에 가장 번성하고 진화한 수각류인 코엘로사우루스류 중에서도 조류와 가깝다고 추정되는 마니랍토르류로 분류되어 있다. 하지만 여전히 테리지노사우루스가 어떤 공룡인지에 대한 여러 가지 가설이 제기되고 있다. 단 고생물학자들은 테리지노사우루스가 초식 공룡이든 육식 공룡이든 비슷하게 생긴 다른 공룡들처럼 풀은 꼭 먹었을 것으로 보고 있다. 날카로운 이빨이 없는 데다, 낫 형태의 앞 발톱을 이용하면 풀을 쉽게 벨 수 있었을 것이기 때문이다.

최고의 포식자
티라노사우루스

공룡의 대명사라고 불릴 만큼 유명한 공룡으로, 지구에 살았던 동물들 가운데 가장 난폭한 것으로 평가받고 있다. 크고 날카로운 톱니 같은 이빨과 강력한 턱으로 먹잇감의 뼈까지 부숴 버리는 괴력을 소유한 사냥꾼이었다. 티라노사우루스의 정확한 이름은 '티라노사우루스 렉스'인데, 줄여서 '티렉스'라고도 부른다.

꼬리
캥거루의 꼬리와 비슷한 모양으로, 길고 무겁다. 몸의 중심을 잡아 주었으며 먹잇감을 후려칠 때에도 사용했다.

뒷다리
크고 튼튼하다. 네 개의 발가락 중에서 세 개의 발가락에는 날카롭고 강한 발톱이 있다. 나머지 한 개의 발가락은 작고 발 뒤쪽에 붙어 있어 걸을 때 땅에 닿지 않았다.

46억 년 전-5억 4200만 년 전	캄브리아기 5억 4200만 년 전~4억 8830만 년 전	오르도비스기 4억 8830만 년 전~4억 4370만 년 전	실루리아기 4억 4370만 년 전~4억 1600만 년 전	데본기 4억 1600만 년 전~3억 5920만 년 전	석탄기 3억 5920만 년 전~2억 99
선캄브리아기	고생대 5억 4200만 년 전~2억 5100만 년 전				

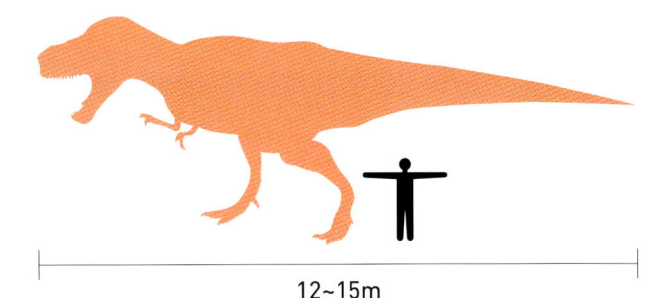

12~15m

◎ 티라노사우루스 기본 정보

학명	*Tyrannosaurus rex*
분류	용반목 〉 수각류 〉 티라노사우루스과
몸길이	12~15m
몸무게	5~7t
식성	육식
보행	두 발로 걸음
이름의 의미	폭군 도마뱀
서식 시기	백악기 후기(7500만 년 전~6500만 년 전)
발견 장소	미국, 캐나다

◎ 이빨
끝이 약간 안쪽으로 휘어져 있고, 가장자리가 톱날처럼 뾰쪽뾰쪽하다. 이빨 한 개의 길이는 상당히 길어 최대 30㎝에 이르는 것도 있다.

◎ 앞다리
뒷다리에 비해 매우 작다. 머리가 몸집에 비해 크고 무겁기 때문에 몸의 균형을 잡기 위해 작아진 것으로 추측하고 있다.

◎ 머리
몸집에 비해 크기가 크고 뼈가 단단하다. 눈과 코, 귀가 발달하여 먹잇감을 잘 찾아낼 수 있었다.

틈기 2억 9900만 년 전~2억 5100만 년 전	트라이아스기 2억 5100만 년 전~1억 9960만 년 전	쥐라기 1억 9960만 년 전~1억 4550만 년 전	백악기 1억 4550만 년 전~6550만 년 전	고제3기 6550만 년 전~2303만 년 전	신제3기 2303만 년 전~
중생대 2억 5100만 년 전~6550만 년 전				신생대 6550만 년~	

010

티라노사우루스 • 한반도의 공룡

미국 카네기 자연사 박물관에 전시된 티라노사우루스의 전신 골격 모형

티라노사우루스의 화석은

1902년에 미국 몬태나 주 헬크리크에서 고생물학자 바넘 브라운이 처음 발견했다. 그 뒤 캐나다와 미국에서 여러 개의 화석이 발견되었는데, 그중 1990년 미국 사우스다코타 주의 한 절벽에서 발굴된 티라노사우루스의 뼈 화석이 가장 완벽하다. 그래서 이 화석을 발견한 사람의 이름을 따 '수(sue)'라는 애칭을 지어 주었다. 뼈의 총 무게가 5,400kg에 육박하는 수는 시카고에 있는 필드 자연사 박물관에 전시되어 있다.

티라노사우루스가 육식 공룡이라는 사실이 증명된 것도 화석을 통해서이다. 처음 티라노사우루스의 이빨 화석이 발견되었을 때 모든 사람이 날카로운 이빨을 보고, 티라노사우루스가 육식 공룡일 거라고 짐작했다. 그 뒤 에드몬토사우루스와 트리케라톱스의 화석에서 티라노사우루스의 이빨 자국이 발견되면서 육식 공룡이라는 사실이 확실해졌다.

오늘날의 고생물학자들은 1995년에 러시아의 고생물학자인 예브게니 말리예브가 몽골에서 발견한 타르보사우루스 바타르(*Tarbosaurus bataar*)를 티라노사우루스의 조상으로 보고, 티라노사우루스가 아시아에서 북아메리카 지역으로 이동해 갔다고 추정하고 있다.

티라노사우루스의 머리뼈 화석

Tyrannosaurus rex

타고난 사냥꾼, 티라노사우루스

티라노사우루스는 역사상 가장 강력한 육식 동물로 평가받고 있다. 그만큼 사냥 능력이 뛰어나고 사나웠기 때문이다.
티라노사우루스의 최강의 무기는 턱과 이빨이다. 윗턱과 아래턱 사이에는 관절이 있어 턱을 완전히 벌리면 폭이 1m에 달할 정도로 크며, 먹잇감을 물면 뼈까지 으스러져 버릴 정도로 강력했다. 티라노사우루스의 무는 힘은 1,300kg 정도로, 무는 힘이 400kg인 사자나 960kg인 악어보다 훨씬 강하다.
또한 날카로운 이빨은 안쪽으로 약간 휘어져 있어 먹잇감을 한번 물면 놓치는 법이 없었다. 그뿐만 아니라 티라노사우루스는 먹이를 씹지 않고 통째로 삼켰는데, 한 번에 70kg 정도까지 삼킬 수 있었다고 한다.
티라노사우루스는 시각, 후각, 청각도 좋아 다른 공룡들보다 먹잇감을 잘 찾아냈으며, 잘 발달된 넓적다리의 근육 덕분에 거대한 몸집에도 불구하고 행동이 민첩했다.

다양한 크기의 티라노사우루스의 이빨 화석

귀여운 앞발, 어디에 썼을까?

티라노사우루스의 앞다리는 뒷다리에 비해 우스꽝스러울 정도로 작다. 두 개의 발가락이 있는 티라노사우루스의 앞발은 너무 작아 마땅한 쓰임새가 없어 보일 정도이다. 앞발을 입에 가져다 대기에도 너무 짧고, 다른 공룡을 공격하기에도 약해 보이기 때문이다.
동물들은 진화하면서 많이 사용하고, 꼭 필요하며, 자신의 생명을 유지하는 데 도움이 되는 신체 부위는 점차 발달하고, 그렇지 않은 신체 부위는 점차 퇴화된다. 그래서 많은 고생물학자는 티라노사우루스가 두 발로 걷기 시작하면서 몸의 균형을 잡기 위해 앞발이 점차 퇴화된 것으로 추측하고 있다.
앞으로 티라노사우루스의 화석이 더 많이 발견되어 지금보다 활발하게 연구가 진행된다면 앞발에 대한 비밀도 반드시 풀릴 것이다.

아프리카 카메룬에서 발견된 티라노사우루스의 발자국 화석

헬멧 쓴 공룡
파키케팔로사우루스

'박치기 공룡'이라고도 불리는 파키케팔로사우루스는 머리뼈가 불룩하게 솟은 공룡 중에서 가장 몸집이 크다. 마치 헬멧을 쓴 것처럼 머리 윗부분의 뼈가 불룩하게 솟아 있다. 짝짓기 시기에 마음에 드는 암컷을 차지하려고 두께가 25cm에 이르는 두꺼운 머리뼈를 이용해 박치기 대결을 했을 것으로 추측하고 있다.

○ 입
위턱의 앞쪽에 작고 날카로운 이빨들이 여러 개 나 있다. 쉽게 소화할 수 있는 부드러운 식물을 주로 먹었다.

○ 머리
머리뼈가 불룩하게 솟아 있고, 머리 주위에는 뼈로 된 돌기가 여러 개 나 있다. 머리 크기에 비해 뇌의 크기는 작았다.

Pachycephalosaurus wyomingensis

선캄브리아기	캄브리아기	오르도비스기	실루리아기	데본기	석탄기
46억 년 전~5억 4200만 년 전	5억 4200만 년 전~4억 8830만 년 전	4억 8830만 년 전~4억 4370만 년 전	4억 4370만 년 전~4억 1600만 년 전	4억 1600만 년 전~3억 5920만 년 전	3억 5920만 년 전~2억 9...

고생대 5억 4200만 년 전~2억 5100만 년 전

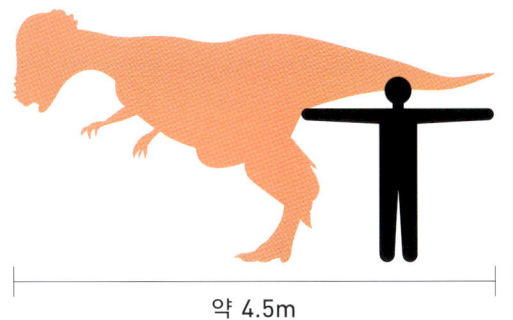

약 4.5m

● 파키케팔로사우루스 기본 정보

학명	*Pachycephalosaurus wyomingensis*
분류	조반목 〉후두류 〉파키케팔로사우루스과
몸길이	약 4.5m
몸무게	약 450kg
식성	초식
보행	두 발로 걷거나 네 발로 걸음
이름의 의미	두꺼운 머리를 가진 도마뱀
서식 시기	백악기 후기(7000만 년 전~6500만 년 전)
발견 장소	미국

● 눈
앞쪽을 향해 있어 사물을 또렷하게 볼 수 있었고, 사물과의 거리도 정확하게 잴 수 있었다.

● 목뼈
목뼈가 서로 맞물려 있어 박치기를 했을 때 머리에서 오는 충격을 흡수할 수 있었다.

● 다리
앞다리에 비해 뒷다리가 길고 튼튼하다.

파키케팔로사우루스 화석은

1940년에 미국 몬태나에서 발견되었다. 그 뒤 미국의 와이오밍과 사우스다코타, 캐나다의 앨버타에서도 파키케팔로사우루스의 화석이 발견되었다. 파키케팔로사우루스의 모식종은 파키케팔로사우루스 와이오밍엔시스(*Pachycephalosaurus wyomingensis*)로, 1940년보다 앞선 1931년에 발견되었다. 1931년에 발견된 파키케팔로사우루스 와이오밍엔시스의 이빨 화석은 트로오돈의 이빨 화석과 닮아서 처음에는 트로오돈 와이오밍엔시스(*Troodon wyomingensis*)라는 이름으로 불렸다. 하지만 파키케팔로사우루스의 화석이 많이 발견되고, 연구가 활발해지면서 파키케팔로사우루스 와이오밍엔시스라는 이름으로 바뀌었다.

옥스퍼드 대학교 박물관에 전시된 파키케팔로사우루스의 머리뼈 화석

내 머리 맛 좀 볼 테야?

파키케팔로사우루스의 가장 큰 특징은 불룩 솟은 머리이다. 이러한 이유로 마치 머리에 헬멧을 쓴 것처럼 보이기도 한다. 고생물학자들은 파키케팔로사우루스의 독특한 머리 생김새에 대해 많은 연구를 했는데, 무리의 서열을 가리거나 짝짓기 시기에 암컷을 차지하기 위해 박치기 대결을 벌일 때 사용한 것으로 보고 있다. 목뼈의 구조가 머리에서 오는 충격을 흡수하기에 알맞고, 오늘날에도 염소나 사슴 등 머리에 뿔이 있는 동물들이 머리를 부딪쳐 힘을 겨루기 때문이다. 하지만 어떤 고생물학자는 머리를 직접 부딪치며 힘을 겨뤘다는 증거가 발견되지 않았고, 불룩 솟은 머리가 오히려 박치기를 하기에 알맞지 않다는 이유로 머리와 머리를 부딪쳐 싸우기보다는 상대방의 옆구리를 머리로 들이받는 식으로 힘을 겨뤘을 가능성이 높다고 주장하고 있다.

직접 머리끼리 부딪쳐 싸웠는지 아니면 옆구리를 공격하는 데 썼는지는 확실하지 않지만

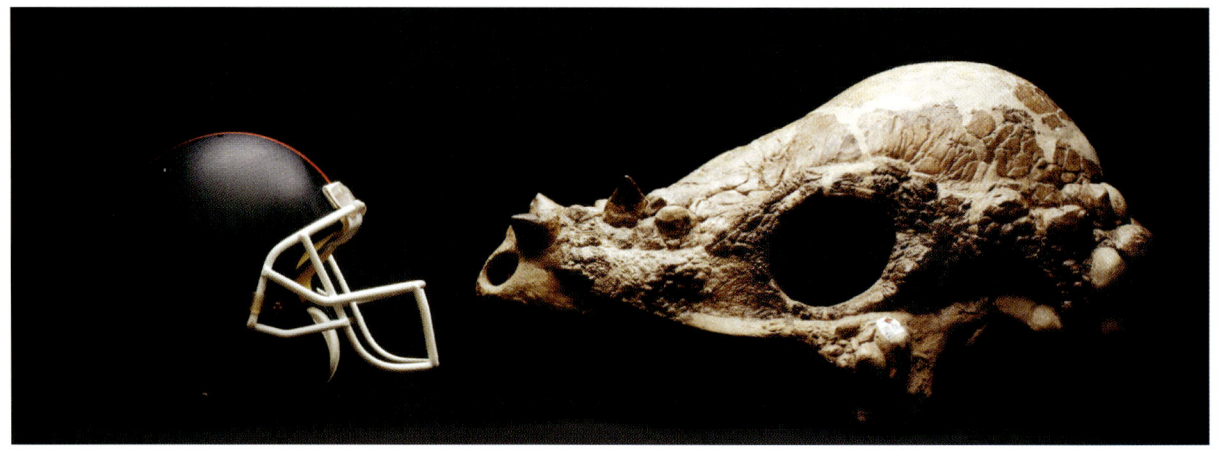

풋볼 헬멧과 파키케팔로사우루스의 머리 크기를 비교한 모습

파키케팔로사우루스의 머리뼈 두께는 20~25㎝ 정도로 상당히 두껍다. 머리뼈 두께가 0.5㎝인 사람과 비교했을 때 파키케팔로사우루스의 머리뼈가 50배나 더 두꺼운 것이다. 지금까지 발견된 파키케팔로사우루스의 머리뼈 화석을 연구한 결과, 수컷의 머리뼈가 암컷의 머리뼈보다 두껍고, 나이가 많을수록 더 두꺼웠다. 두꺼운 머리뼈에 비해 뇌의 크기는 작았는데, 호두 한 알만 한 크기가 아니었을까 추측하고 있다. 그래서 파키케팔로사우루스의 지능은 그다지 높지 않았을 것으로 보인다.

파키케팔로사우루스가 힘을 겨루고 있는 모습을 그린 그림

박치기하는 공룡들

머리에 딱딱한 뼈가 불룩 솟아 있는 공룡의 무리를 후두류라고 한다. 후두류는 짝짓기를 할 때가 되면 암컷을 차지하기 위해 수컷끼리 박치기를 하며 싸웠다. 종류에 따라 머리뼈 주위에 돌기가 솟아 있기도 하다. 후두류 중에서 파키케팔로사우루스가 가장 유명하지만 드라코렉스, 스티기몰로크 등도 유명하다. 후두류의 한 종류인 스티기몰로크는 1983년에 미국에서 머리뼈의 일부가 발견되면서 세상에 알려졌다. 몸길이가 2~3m 정도인 이 공룡은 머리 뒤쪽으로 10㎝ 정도 길이의 돌기가 여러 개 나 있다. 고생물학자들은 스티기몰로크가 두 발로 걸어 다니는 초식 공룡으로, 백악기 후기에 살았을 것으로 추측하고 있다. 스티기몰로크란 이름은 '지옥의 강에서 온 공포의 신'이라는 무시무시한 뜻이다. 스티기몰로크가 발견된 곳이 지옥의 강변이라는 뜻의 헬크리크라는 곳이기도 하고, 뿔이 난 머리뼈의 모습이 무시무시하기 때문이기도 하다. 지금까지 머리뼈만 발견되었기 때문에 몸 전체의 모습은 정확히 알 수 없다.

또한 백악기 후기에 살았던 드라코렉스의 이름은 '호그와트 마법 학교의 용왕'이란 뜻이다. 소설 『해리포터』에서 따온 이름이다. 드라코렉스는 2007년에 머리뼈 화석이 발견되었는데, 머리 곳곳에 삐죽삐죽하게 돌기가 솟아 있다. 몇몇 고생물학자들은 드라코렉스의 화석이 파키케팔로사우루스 새끼의 것이거나 다 자란 스티기몰로크의 화석일지도 모른다고 주장하고 있다.

인디애나폴리스 어린이 박물관에 전시된 드라코렉스의 머리뼈 화석

독일 베를린 자연사 박물관에 전시된 스티기몰로크의 머리뼈 화석

뿔 없는 뿔 공룡
프로토케라톱스

머리에 큰 프릴이 있는 초식 공룡이다. 프릴은 머리뼈의 뒷부분이 크게 발달한 것으로, 방패처럼 목을 보호해주는 역할을 한다. 뿔은 없지만 뿔 달린 공룡들의 조상으로 여겨진다. 새의 부리처럼 생긴 입은 뾰족하고 단단하다. 사막에 살면서 날카로운 부리로 땅속에 있는 식물의 뿌리나 덩이줄기를 파먹었을 것으로 보인다.

● **눈**
시력이 좋지 않아서 바로 앞에 있는 것만 볼 수 있었다.

● **입**
앵무새의 부리처럼 끝이 뾰족하고 날카롭다. 강한 턱과 단단한 부리로 질긴 식물도 잘 씹을 수 있었다.

● **머리**
삼각형 모양의 큰 프릴이 있다. 얼굴에 뿔처럼 보이는 돌기가 조금 튀어나와 있다.

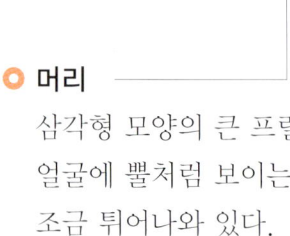

선캄브리아기	고생대 5억 4200만 년 전~2억 5100만 년 전
46억 년 전~5억 4200만 년 전	캄브리아기 5억 4200만 년 전~4억 8830만 년 전 · 오르도비스기 4억 8830만 년 전~4억 4370만 년 전 · 실루리아기 4억 4370만 년 전~4억 1600만 년 전 · 데본기 4억 1600만 년 전~3억 5920만 년 전 · 석탄기 3억 5920만 년 전~2억 9

Protoceratops andrewsi

프로토케라톱스 · 한반도의 공룡

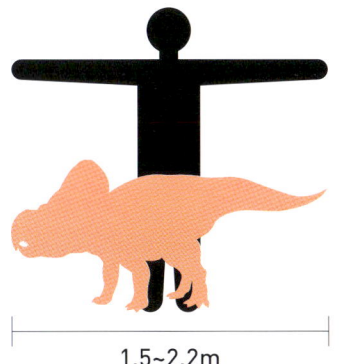

1.5~2.2m

🔸 프로토케라톱스 기본 정보

학명	*Protoceratops andrewsi*
분류	조반목 〉 각룡류 〉 프로토케라톱스과
몸길이	1.5~2.2m
몸무게	150~180kg
식성	초식
보행	네 발로 걸음
이름의 의미	최초로 뿔을 가진 얼굴
서식 시기	백악기 후기(8500만 년 전~7000만 년 전)
발견 장소	몽골, 중국

🔸 몸
돼지처럼 둥글고 통통하다.

🔸 다리
앞다리보다 뒷다리가 더욱 잘 발달되었다. 네 다리 모두 튼튼하여 네 발로 걸었다.

프로토케라톱스의 화석은

1922년에 미국 자연사 박물관 팀이 아시아 원정 연구 조사를 갔을 때 몽골의 고비 사막에서 둥지와 함께 뼈 화석을 처음 발견하였다. 그 뒤 지금까지 100마리 이상의 골격이 발견되었다. 프로토케라톱스의 화석은 몽골의 고비 사막에서 가장 흔히 발견되는 공룡 화석 가운데 하나이다.

프로토케라톱스의 연령별 머리뼈 화석

몽골의 고비 사막에서 발견되는 프로토케라톱스 화석의 상당수는 모래에 휩싸여 만들어진 것으로 보인다. 워낙 많은 수의 프로토케라톱스 화석이 발견되어 연령별로 골격이 어떻게 발달하였는지에 대한 연구도 이루어졌다.

프로토케라톱스와 관련한 가장 유명한 화석은 바로 벨로키랍토르와 함께 발견된 화석이다. 이 화석은 프로토케라톱스가 벨로키랍토르에게 공격당하는 모습이 생생히 드러나 있다. 그래서 고생물학자들은 이 화석을 '싸우는 공룡(Fighting Dinosaur)'이라고 부른다. 이 화석의 발견으로 벨로키랍토르가 많은 초식 공룡에게 있어 두려움의 대상이었다는 것이 다시 한 번 증명되었다.

실제로 프로토케라톱스는 이 화석처럼 작은 몸집 때문에 벨로키랍토르 같은 육식 공룡의 쉬운 먹잇감이었다. 2009년 1월에 경기도 화성시 시화호와 전곡항 주변에서 몸길이가 2m가량 되는 프로토케라톱스와 매우 유사한 코리아케라톱스의 화석이 발견되어 주목을 끌었다.

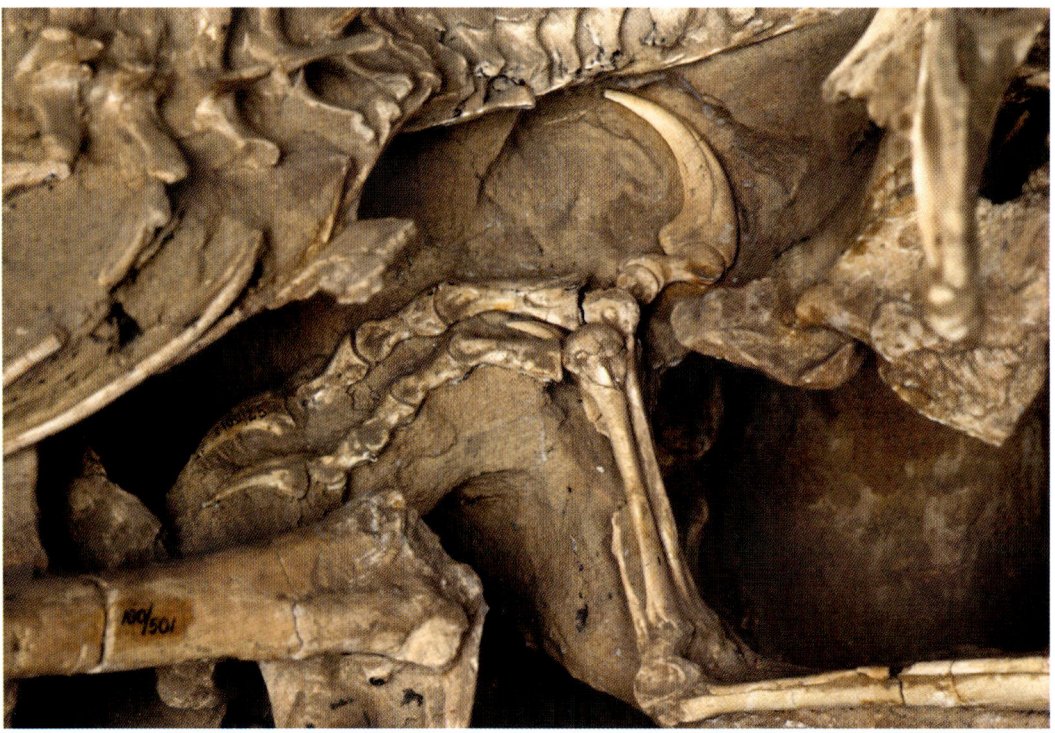

벨로키랍토르가 갈고리발톱으로 프로토케라톱스의 배를 찌르고 있는 모습의 화석

순한 프로토케라톱스의 날카로운 입

프로토케라톱스는 '백악기 시대의 양'이라고 불릴 만큼 성격이 순했다. 그렇지만 프로토케라톱스의 입은 별명과 달리 꽤 날카롭다. 프로토케라톱스의 입은 왜 날카로웠을까? 그것은 아마도 프로토케라톱스가 사막에서 살았기 때문일 것이다. 사막은 건조하기 때문에 신선한 식물을 찾기가 매우 어려웠다. 그래서 프로토케라톱스는 신선한 식물 대신에 땅속에 묻힌 식물의 뿌리나 덩이줄기를 먹이로 삼아야 했다. 신선한 식물에 비해 단단하고 질긴 뿌리와 덩이줄기를 먹기 위해서 프로토케라톱스의 입은 점차 단단하고 날카롭게 진화한 것으로 보인다. 하지만 모든 뿔 공룡이 사막에 살았던 것은 아니다. 사막이 아닌 곳에 사는 뿔 공룡들의 입 모양도 프로토케라톱스처럼 날카롭고 뾰족했는데, 질긴 나무줄기를 끊거나 억센 나뭇잎을 따 먹어야 했기 때문일 것으로 보고 있다.

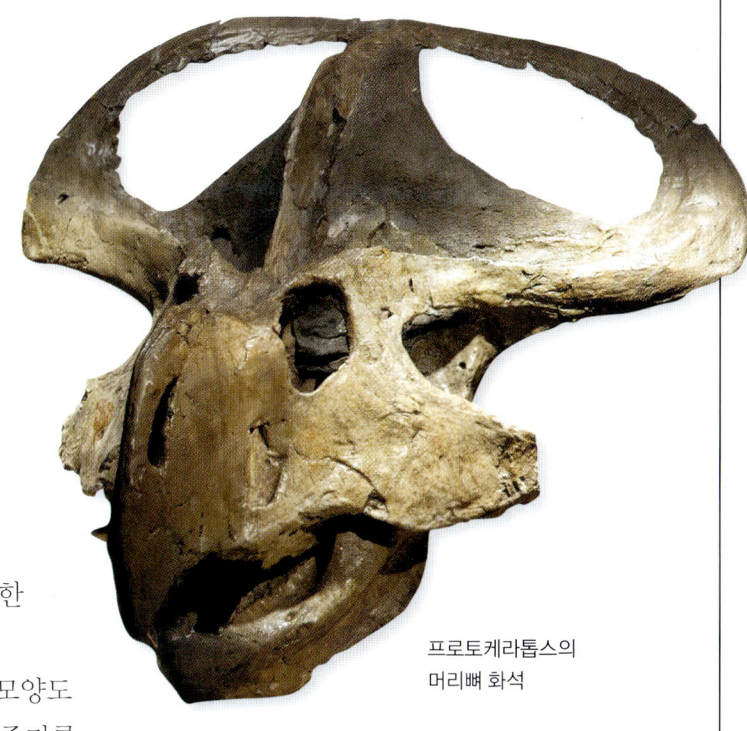

프로토케라톱스의 머리뼈 화석

뿔 공룡이지만 뿔이 없다?

프로토케라톱스는 '처음 뿔을 가진 얼굴'이라는 뜻이다. 하지만 프로토케라톱스는 뿔이 없다. 다만 얼굴에 뿔처럼 보이는 돌기가 조금 튀어나와 있을 뿐이다. 그런데 왜 '처음 뿔을 가진 얼굴'이라는 이름을 가지게 된 것일까?

흔히 뿔 공룡이라 부르는 각룡류는 분류학상으로 조반류의 각각아목(케라포다) 중 한 종류이다. 각각아목에는 각룡류 외에 새의 부리를 가진 조각류와 두개골이 불룩하게 솟은 후두류가 포함되어 있다. 각룡류는 머리에 뿔과 돌기 또는 프릴이 있을 뿐 몸에는 별다른 무기가 없다. 프로토케라톱스는 뿔은 없지만 다른 각룡류처럼 작은 프릴이 있고, 몸집이 작아서 각룡류의 조상으로 보고 있다.

미국 카네기 자연사 박물관에 전시된 프로토케라톱스의 전신 골격 모형

한반도 하늘의 주인
해남이크누스

전라남도 해남에서 발자국이 발견되어 처음으로 세상에 모습을 나타낸 해남이크누스는 한반도에 살았던 익룡이다. 해남이크누스는 익룡의 이름이 아닌 익룡 발자국 화석의 학명이지만 아직까지 뼈 화석이 발견되지 않아 정확한 학명 없이 해남이크누스로 불린다. 양쪽 날개를 모두 펼치면 웬만한 경비행기만큼 컸다. 바닷가에서는 날개를 접고 네 발로 걸었다.

목
가늘고 길었을 것으로 추측하고 있다.

입
새의 부리처럼 생겼다. 창처럼 길고 날카롭다. 이빨은 없었을 것으로 보고 있다.

Haenamichnus uhangriensis

46억 년 전-5억 4200만 년 전	캄브리아기 5억 4200만 년 전-4억 8830만 년 전	오르도비스기 4억 8830만 년 전-4억 4370만 년 전	실루리아기 4억 4370만 년 전-4억 1600만 년 전	데본기 4억 1600만 년 전-3억 5920만 년 전	석탄기 3억 5920만 년 전-2억 9
선캄브리아기		고생대 5억 4200만 년 전~2억 5100만 년 전			

68

10~12m

⊙ 해남이크누스 기본 정보

학명	*Haenamichnus uhangriensis*
날개를 편 길이	10~12m
몸무게	90~200kg
식성	육식
이름의 의미	해남에서 발견된 발자국
서식 시기	백악기 후기(8500만 년 전~8000만 년 전)
발견 장소	한국

○ 날개

양쪽 날개를 펼치면 길이가 10m가 넘을 정도로 컸을 것으로 추정된다. 다른 익룡들처럼 날개는 앞발의 네 번째 발가락에 연결되어 있었을 것으로 보인다.

○ 뒷다리

길이가 길었을 것으로 추측하고 있다. 발자국을 살펴보면 발가락에 물갈퀴가 있다.

013

해남이크누스 · 한반도의 익룡

해남이크누스의 화석은

전남대학교 한국공룡연구센터 허민 교수 팀이 전라남도 해남군 황산면 우항리에서 발견하였다. 1996년부터 1998년까지 총 447점의 익룡 발자국 화석을 발견하였는데, 모두 특이한 형태의 발자국이었다. 이 익룡 발자국을 분석한 결과 발자국의 주인은 프테로닥틸로이드에 속하는 새로운 종이라는 것이 밝혀졌다. 이 익룡 발자국 화석은 2002년 해남이크누스 우항리엔시스(Haenamichnus uhangriensis)라는 학명으로 발표되었는데, 아시아 최초이자 전 세계에서 일곱 번째로 발견된 익룡 발자국 화석이다. 발자국 화석 중에서 크기가 가장 크다. 하지만 아쉽게도 아직 뼈 화석이 발견되지 않아 정확한 모습은 복원되지 않았다.

해남이크누스 우항리엔시스라는 학명의 발자국 화석

해남이크누스가 나는 법

익룡의 날개는 새의 날개와 전혀 다르다. 익룡의 날개는 얇은 막으로 되어 있지만 새의 날개는 깃털로 이루어져 있다. 또 익룡의 날개는 박쥐의 날개와도 다르다. 박쥐의 날개도 익룡처럼 얇은 막으로 이루어져 있지만 박쥐의 날개는 앞다리가 변한 것으로, 엄지손가락을 제외한 모든 손가락이 길고 날개막에 연결되어 있다. 이에 비해 익룡의 날개는 앞다리의 발가락 중 매우 긴 네 번째 발가락에만 얇은 막이 커튼처럼 달려 있다.

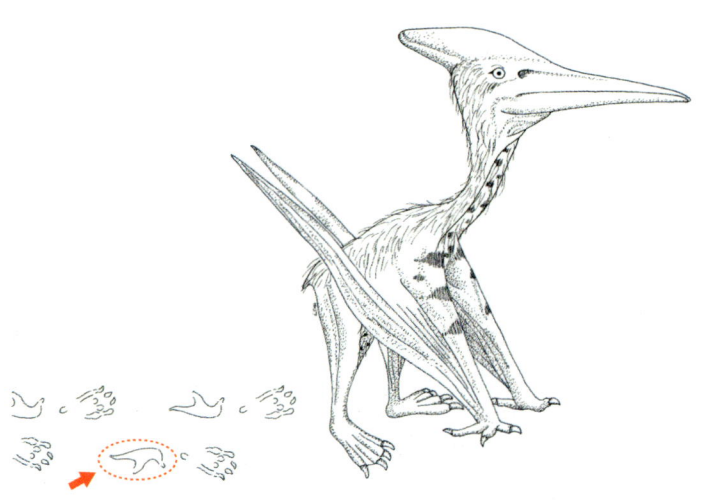

익룡의 발자국이 찍히는 원리를 보여 주는 그림

해남이크누스는 얇은 막으로 이루어진 날개를 펴고 공기의 흐름을 이용해 날갯짓을 하지 않고 글라이더처럼 날았을 것으로 보인다. 학자들은 아주 오래전부터 거대한 익룡들이 어떻게 하늘을 날 수 있었는지에 대해 연구했다. 그동안 발견된 다른 익룡들의 화석을 통해 뼈 속에 빈 공간이 많아 같은 크기의 새에 비해 몸무게가 가볍기 때문에 공중을 날아 다닐 수 있었던 것으로 추정하고 있다.

Haenamichnus uhangriensis

한반도는 익룡들의 천국

우리나라에서는 해남이크누스 발자국 화석 말고도 꽤 많은 익룡의 화석이 발견되었다. 2001년에는 경상남도 하동군 진교면 양포리 앞바다에 있는 방이섬에서 익룡의 날개뼈가 발견되었는데, 보통 익룡의 날개뼈는 속이 텅 비어 있어 화석으로 남아 있는 경우가 드물기 때문에 발견 당시 큰 화제가 되었다. 발견된 익룡의 날개뼈는 얇은 막으로 된 날개가 연결된 네 번째 발가락의 처음 마디로, 길이가 약 30㎝이다. 마디 하나의 길이가 이 정도니 네 번째 발가락 전체의 길이는 어느 정도였을지 미루어 짐작할 수 있다.

같은 해 경상북도 고령군에서는 우리나라 최초로 익룡의 이빨 화석이 발견되었다. 길이는 약 7㎝로, 송곳처럼 끝이 가늘고 뾰족하며 끝이 휘어진 것이 특징이다.

전라남도 해남 지역에서는 다양한 종류의 공룡 뼈 화석과 발자국 화석이 발견되고 있다. 2007년에는 해남 지역에서 발견된 공룡과 관련 있는 모든 자료를 모아 전라남도 해남군 황산면 우항리에 해남공룡박물관을 개관하였다.

경상북도 고령군에서 발견된 익룡의 위턱 이빨 화석

천연기념물 제394호인 해남 우항리 공룡·익룡·새발자국 화석 산지의 모습

▫▫ 익룡은 공룡이 아니다!

익룡을 '날아다니는 공룡' 또는 '새의 조상'이라고 알고 있는 사람이 많다. 그러나 이는 잘못된 지식이다. 익룡은 '하늘을 나는 파충류'를 일컫는 말로, 보통 중생대를 지배한 파충류는 하늘을 나는 파충류(익룡), 육상 파충류(공룡), 바다 파충류(어룡)로 분류할 수 있다.

익룡은 트라이아스기부터 백악기까지 살았다. 또한 익룡은 크게 두 종류로 나뉘어 지는데, 트라이아스기와 쥐라기에 번성했던 람포링쿠스류와 백악기에 번성했던 프테로닥틸루스류이다. 람포링쿠스류는 몸길이가 1m 미만이며, 물가 주변이나 물 위에서 공기의 흐름을 이용해 비행하다가 물고기를 잡아먹었을 것으로 추정된다. 프테로닥틸루스류는 '익수룡'이라고도 하며, 람포링쿠스류보다 훨씬 몸길이가 길고 종류도 다양했다.

새끼 공룡들의 천적
레페노마무스

중생대에 살았던 새끼 공룡들에게는 사나운 육식 공룡 외에도 또 하나의 적이 있었다. 바로 공룡을 잡아먹는 포유류 레페노마무스다. 화석이 소개되었을 때 당시까지 발견된 중생대 포유류와 달리 몸집이 매우 커서 주목을 받았다. 공룡 시대에 살았던 포유류는 모두 작고 약했을 거라는 사람들의 생각을 바꿔 놓은 점에서 의미가 크다.

○ 다리
길이가 짧은 편이다. 다섯 개의 발가락 끝에는 날카로운 발톱이 있다.

레페노마무스 · 한반도의 포유류

Repenomamus giganticus

| 선캄브리아기 | 46억 년 전-5억 4200만 년 전 | 캄브리아기 5억 4200만 년 전-4억 8830만 년 전 | 오르도비스기 4억 8830만 년 전-4억 4370만 년 전 | 실루리아기 4억 4370만 년 전-4억 1600만 년 전 | 데본기 4억 1600만 년 전-3억 5920만 년 전 | 석탄기 3억 5920만 년 전-2억 99… |

고생대 5억 4200만 년 전~2억 5100만 년 전

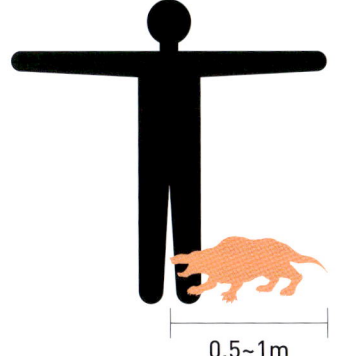

레페노마무스 기본 정보

학명	*Repenomamus giganticus*
분류	포유류 〉 레페노마무스과
몸길이	0.5~1m
몸무게	약 15kg
식성	육식
보행	네 발로 걸음
이름의 의미	파충류 먹는 포유동물
서식 시기	백악기 전기(1억 3000만 년 전~1억 2500만 년 전)
발견 장소	중국

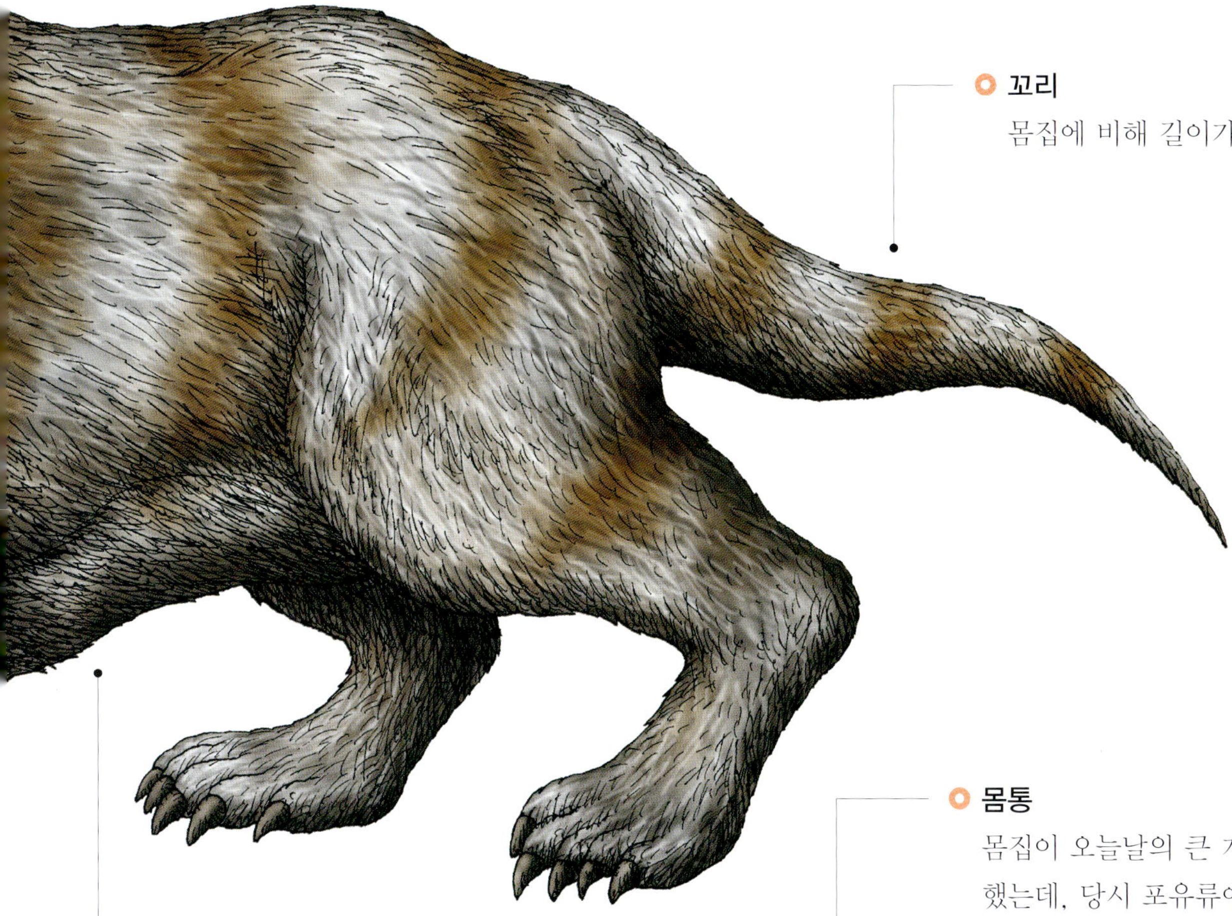

꼬리

몸집에 비해 길이가 길다.

몸통

몸집이 오늘날의 큰 개만 했는데, 당시 포유류에 비해 매우 컸다.

페름기 2억 9900만 년 전~2억 5100만 년 전	트라이아스기 2억 5100만 년 전~1억 9960만 년 전	쥐라기 1억 9960만 년 전~1억 4550만 년 전	백악기 1억 4550만 년 전~6550만 년 전	고제3기 6550만 년 전~2303만 년 전	신제3기 2303만 년 전~
	중생대 2억 5100만 년 전~6550만 년 전			신생대 6550만 년~	

레페노마무스의 화석은

2005년에 중국의 라오닝 성에서 발견되었다. 1억 3000만 년 전에 살았던 레페노마무스의 화석이었다. 그런데 이 화석의 배에서는 또 다른 공룡의 화석이 발견되었다. 바로 프시타코사우루스 새끼의 뼈 화석이었다. 프시타코사우루스는 성격이 온순한 초식 공룡으로, 무리를 지어 생활했다. 하지만 스스로를 방어할 무기가 없어서 육식 동물의 만만한 먹잇감이 되었다. 이 화석의 발견으로 중생대에 다른 동물을 잡아먹는 포유류가 공룡과 함께 살았다는 것이 세상에 알려지게 되었다.

인디애나폴리스 어린이 박물관에 전시된 프시타코사우루스의 전신 골격 모형

2000년에도 레페노마무스류의 포유류 화석이 발견되었는데, 레페노마무스 로부스투그라는 이름의 이 포유류는 몸길이가 약 50㎝로, 2005년도에 발견된 레페노마무스보다 몸집이 작았다.

중생대 포유류의 재발견

새끼 공룡을 잡아먹는 레페노마무스 화석의 발견은 상당히 큰 의미가 있다. 레페노마무스의 화석이 발견되기 전까지 고생물학자들은 공룡을 잡아먹을 수 있는 동물은 오직 육식 공룡뿐이라고 생각했다. 또한 중생대에 살았던 포유류는 모두 생쥐만큼 몸집이 작고, 공룡들을 피해 다니며 곤충이나 작은 생물들을 잡아먹었을 거라고 생각했다.

그런데 새끼 공룡을 잡아먹는 포유류, 게다가 몸집이 생쥐보다 훨씬 큰 레페노마무스의 화석이 발견됨으로써 중생대 포유류에 대한 생각이 완전히 바뀌게 되었다.

레페노마무스의 화석이 발견된 뒤 고생물학자들은 어쩌면 포유류 역시 공룡과 먹이를 놓고 싸우는 경쟁자였을지도 모른다는 가능성에 대해 연구하기 시작했다.

홍콩 과학 박물관에 전시된 레페노마무스의 머리뼈 화석과 레페노마무스 상상도

최초의 포유류는 중생대에 나타났다!

현재 지구상에서 가장 번성한 동물은 인간이 속한 포유류이다. 여러 가지 면에서 가장 효율적인 신체를 갖고 있는 포유류는 언제 나타났을까? 바로 공룡이 지구를 지배한 중생대이다.

물론 중생대의 포유류는 오늘날처럼 다양하지 못했고, 먹이 사슬에서도 최고의 위치가 아니었다. 하지만 중생대 포유류는 공룡의 눈을 피해 살아남기 위해서 최선을 다했다.

최초의 포유류는 모르가누코돈(Morganucodon)이다. 이름의 뜻은 '글러모건의 이빨'로, 영국 웨일스 지방의 글러모건에서 처음 화석이 발견되어 붙은 이름이다. 모르가누코돈은 트라이아스기 후기에 등장했는데, 몸길이는 10㎝ 정도로 오늘날의 생쥐와 생김새가 비슷했을 것으로 추정된다.

모르가누코돈이 최초의 포유류로 인정받게 된 것은 이빨 때문이다. 두 종류의 어금니, 즉 단순한 형태의 어금니와 복잡한 형태의 어금니를 가지고 있는 것과 오늘날의 포유류처럼 단 한 번만 이갈이를 한다는 점 때문이다. 공룡과 같은 파충류는 평생 동안 계속해서 이빨이 난다. 따라서 이갈이를 한 번만 한다는 것은 공룡과 다른 종의 동물이라는 확실한 증거라고 할 수 있다.

고생물학자들은 모르가누코돈이 낮에는 주로 굴속에서 지내다가, 공룡들이 잘 활동하지 않는 밤에 곤충이나 다른 작은 동물을 잡아먹었을 것으로 추측하고 있다.

모르가누코돈 상상도

포유류, 새 세상의 주인이 되다

약 6500만 년 전, 공룡은 멸종했다. 공룡이 멸종한 뒤 새로운 세상의 주인으로 진화한 종이 바로 포유류이다. 포유류들은 공룡에게 닥친 대위기를 어떻게 극복하고 살아남을 수 있었을까?

많은 고생물학자들은 포유류가 몸집이 작았기 때문에 살아남을 수 있었던 것이라고 주장한다. 조금만 먹어도 생명을 유지할 수 있었을 것이기 때문이다. 어쨌거나 포유류는 공룡을 비롯한 큰 몸집을 가진 동물들이 모두 멸종한 후에도 지구상에 살아남아 진화하기 시작하였다.

새로운 환경과 포유류를 잡아먹는 동물들이 대부분 사라져 버린 것이 포유류가 진화할 수 있는 힘이 되었다. 오랜 시간에 걸쳐 포유류는 지구 곳곳으로 퍼져 나갔다. 그리고 서로 다른 환경에 적응하면서 다양해졌고, 쥐만 했던 몸집도 점차 커졌다.

신생대에는 네 번의 빙하기가 있었지만 몸을 털로 감싼 포유류는 추위를 거뜬히 이겨 냈다. 그리고 지금으로부터 400만 년 전, 드디어 인간의 조상이 나타났다. 비록 원숭이에 가까운 모습이었지만 인간의 조상은 다른 동물들과 달리 두 발로 걸었다. 그리고 시간이 흐르면서 이 땅의 새로운 주인으로 진화하였다.

015

틸로사우루스 • 한반도의 바다 파충류

바다의 사냥꾼
틸로사우루스

백악기 후기, 바다를 지배한 거대 바다 파충류이다. 지느러미가 달린 악어처럼 생긴 모사사우루스와 생김새가 비슷하지만 몸집이 더 크고 성격이 난폭했다. 날카로운 이빨과 강력한 턱으로 같은 종족을 포함한 모든 바다 생물을 닥치는 대로 사냥했다. 바다 사냥꾼 틸로사우루스는 지금의 백상아리와 견줄만큼 강력했다.

○ 몸
물속에서 헤엄치기 좋은 유선형이다. 긴 몸을 양옆으로 움직이며 이동했다.

○ 발
발가락뼈가 길고 지느러미 모양이다. 배의 노와 같이 물을 뒤쪽으로 보내는 역할을 한다.

Tylosaurus proriger

46억 년 전~5억 4200만 년 전	캄브리아기 5억 4200만 년 전~4억 8830만 년 전	오르도비스기 4억 8830만 년 전~4억 4370만 년 전	실루리아기 4억 4370만 년 전~4억 1600만 년 전	데본기 4억 1600만 년 전~3억 5920만 년 전	석탄기 3억 5920만 년 전~2억 990...
선캄브리아기	고생대 5억 4200만 년 전~2억 5100만 년 전				

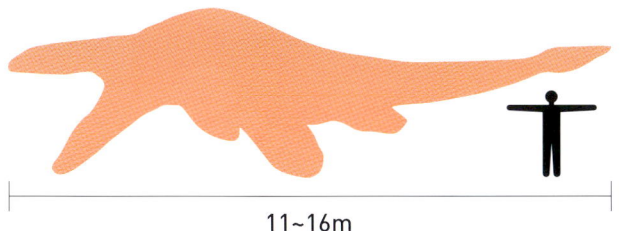

11~16m

틸로사우루스 기본 정보

학명	*Tylosaurus proriger*
분류	파충류 > 모사사우루스과
몸길이	11~16m
몸무게	2~7t
식성	육식
이름의 의미	부푼 혹 도마뱀
서식 시기	백악기 후기(8500만 년 전~7800만 년 전)
발견 장소	미국

머리
크기에 비해 무게는 가볍지만 매우 단단하다.

콧구멍
머리 윗부분에 있어서 몸을 물속에 담그고 있을 때에도 코만 밖으로 내어 숨을 쉴 수 있었다.

입
길쭉하며 턱의 힘이 강력하다. 입안에는 작지만 튼튼하고 날카로운 원뿔 모양의 이빨이 여러 개 나 있다.

페름기 2억 9900만 년 전~2억 5100만 년 전 | 트라이아스기 2억 5100만 년 전~1억 9960만 년 전 | 쥐라기 1억 9960만 년 전~1억 4550만 년 전 | 백악기 1억 4550만 년 전~6550만 년 전 | 고제3기 6550만 년 전~2303만 년 전 | 신제3기 2303만 년 전~

중생대 2억 5100만 년 전~6550만 년 전 | 신생대 6550만 년~

015

틸로사우루스 · 한반도의 바다 파충류

캐나다 화석 발견 센터에 전시된 틸로사우루스의 전신 골격 모형

틸로사우루스의 화석은

1869년에 미국 캔자스에서 머리뼈 화석과 척추뼈 화석이 발견되었다. 미국의 고생물학자 에드워드 코프가 마크로사우루스라고 이름 붙였다가 1872년 경쟁자였던 미국의 고생물학자 오스니얼 찰스 마시가 다시 틸로사우루스로 이름을 바꿨다.

아직 우리나라에서는 틸로사우루스의 화석이 발견되지 않았다. 지금까지 발견된 화석을 분석한 결과에 따르면, 틸로사우루스와 같은 모사사우루스류 공룡들은 북아메리카, 유럽, 아프리카, 호주 등 매우 넓게 분포되어 살았던 것으로 추정된다.

바다의 티라노사우루스!

백악기 시대 육지를 지배한 동물이 티라노사우루스라면, 바다를 지배한 동물은 바로 바다 파충류인 틸로사우루스이다. 틸로사우루스는 무척 사나워서 그야말로 눈에 보이는 것은 닥치는 대로 잡아먹었다. 움직임이 느린 암모나이트부터 물고기와 거북은 물론 움직임이 빠른 상어까지 모두 틸로사우루스의 먹잇감이었다. 그렇지만 틸로사우루스의 헤엄치는 속도는 빠른 편이 아니었다. 그래서 틸로사우루스는 바위나 해초 등에 몸을 숨기고 있다가 먹잇감이 나타나면 빠른 속도로 움직여 순식간에 먹잇감을 잡곤 했다. 이빨이 날카롭고 단단해서 한번 먹잇감을 물면 그 어떤 동물도 쉽게 빠져 나가지 못했을 것으로 보인다.

미국 스미스소니언 자연사 박물관에 전시된 틸로사우루스의 화석

Tylosaurus proiger

틸로사우루스의 친척들

공룡이 육지를 지배한 중생대 때 바다에서는 육식 공룡만큼이나 무서운 동물이 살았다. 바로 틸로사우루스, 엘라스모사우루스, 모사사우루스와 같은 거대 바다 파충류들이다.

바다 파충류들은 큰 몸집에 강한 턱과 무시무시한 이빨을 자랑하며 물에 빠진 공룡이 있으면 기회를 놓치지 않고 잡아먹었다.

부경고사우루스처럼 목이 긴 엘라스모사우루스는 쥐라기와 백악기 시대에 살았던 바다 파충류이다. 전체 몸길이 14m 중 목의 길이만 5m에 이르는 엘라스모사우루스는 날개처럼 생긴 커다란 지느러미를 이용해 움직였다.

네덜란드 마스트리흐트 자연사 박물관에 전시된 모사사우루스의 전신 골격 모형

모사사우루스는 백악기 후기에 틸로사우루스와 함께 살았던 바다 파충류로, 틸로사우루스보다 훨씬 몸집이 커서 전체 몸길이가 18m나 된다. 앞발과 뒷발은 점차 짧아져 물갈퀴로 변했다. 모사사우루스도 틸로사우루스처럼 먹이를 잡기 위해 해초 속을 미끄러지듯 천천히 헤엄쳐 다녔을 것으로 보인다.

영화 〈점박이 : 한반도의 공룡 3D〉에 틸로사우루스가 등장하는 것은 사실에는 맞지 않으나 이야기 전개상 극적인 재미와 감동을 주기 위해 설정된 것이다. 만약 한반도 어느 곳에서든지 바다 파충류의 화석이 발견된다면 영화 속 이야기가 진실이 될지도 모른다.

캐나다 로열 온타리오 박물관에 전시된 엘라스모사우루스의 전신 골격 모형

가장 작은 익룡
네미콜로프테루스

크기가 아주 작은 익룡이다. 2008년에 중국에서 화석이 발견되었는데, 지금까지 발견된 익룡 중에서 가장 작다. 앞발과 뒷발에 나뭇가지를 움켜쥐기에 알맞은 구부러진 발톱이 있는데, 주로 나무 위에서 생활하며 작은 벌레나 곤충을 잡아먹었을 것으로 보인다.

- 눈
  몸집에 비해 눈의 크기가 커서 시력이 좋았을 것으로 추정된다.

- 입
  부리가 날카롭고 길다. 입안에 이빨은 없다.

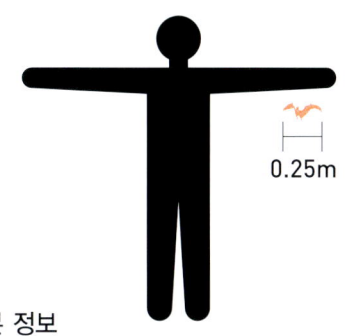

네미콜로프테루스 기본 정보

학명	*Nemicolopterus crypticus*
분류	익룡목 〉 프테로닥틸루스류 〉 프테로닥틸루스과
날개를 편 길이	약 0.25m
몸무게	0.03~0.05kg
식성	육식
보행	두 발로 걷거나 네 발로 걸음
이름의 의미	날아다니는 숲 속 거주자
서식 시기	백악기 전기(약 1억 2000만 년 전)
발견 장소	중국

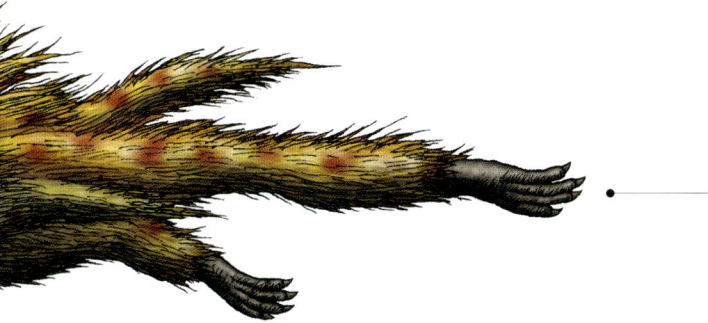

날개
양쪽 날개를 모두 펼치면 25㎝ 정도이다.

뒷발
구부러진 발톱이 있어서 나뭇가지 등을 잘 움켜쥘 수 있었을 것으로 보인다.

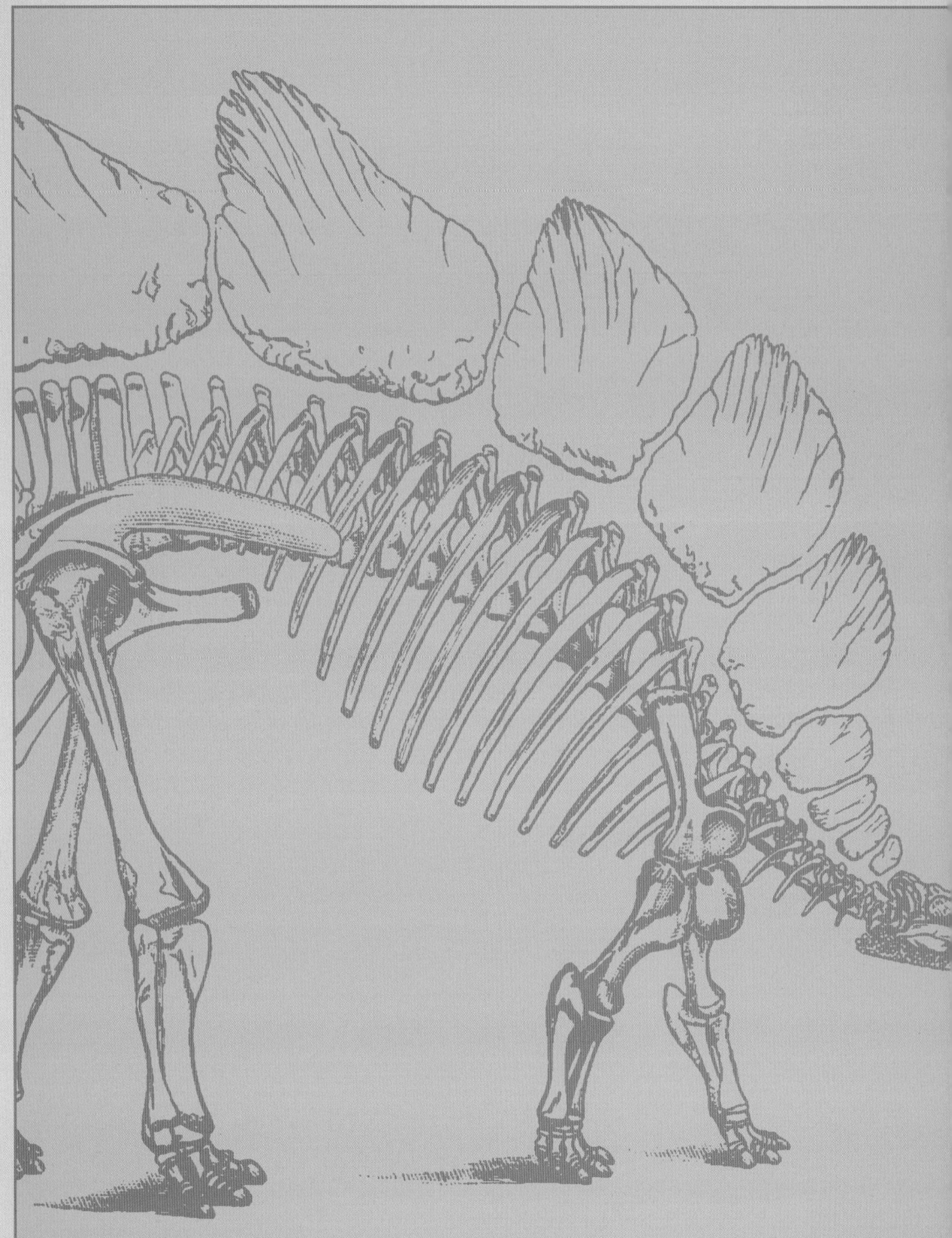

세계의 공룡

세상에서 가장 몸집이 큰 공룡은 어떤 공룡일까?
세상에서 가장 커다란 뿔을 가진 공룡은 어떤 공룡일까?
세계적으로 유명한 44종의 공룡, 익룡, 포유류 등을 만나며
공룡에 대한 상식과 재미를 키워 보세요!

017

가장 원시적인 공룡
에오랍토르

가장 원시적인 육식 공룡이다. 에오랍토르는 '새벽 도둑'이라는 뜻으로 공룡이 처음 나타난 시기에 살았다고 해서 붙여진 이름이다. 육식 공룡이지만 턱이 약해서 작은 동물들만 잡아먹었을 수 있었을 것으로 보인다.

○ **이빨**
톱니처럼 생긴 위턱의 앞니는 고기를 자르는 데 알맞았다.

○ **눈**
머리 옆쪽에 있어서 물체와의 거리는 잘 가늠할 수 없었지만 넓은 지역을 두루 볼 수 있었다.

○ **앞다리**
뒷다리보다 짧다. 다섯 개의 발가락 중 다섯 번째 발가락은 매우 작다.

| 46억 년 전~5억 4200만 년 전 | 캄브리아기 5억 4200만 년 전~4억 8830만 년 전 | 오르도비스기 4억 8830만 년 전~4억 4370만 년 전 | 실루리아기 4억 4370만 년 전~4억 1600만 년 전 | 데본기 4억 1600만 년 전~3억 5920만 년 전 | 석탄기 3억 5920만 년 전~2억 9 |

| 선캄브리아기 | 고생대 5억 4200만 년 전~2억 5100만 년 전 |

Eoraptor lunensis

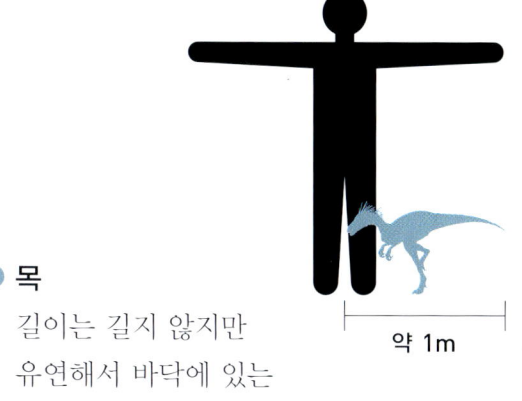

약 1m

에오랍토르 기본 정보

학명	*Eoraptor lunensis*
분류	용반목 > 수각류 > 에오랍토르과
몸길이	약 1m
몸무게	약 10kg
식성	육식
보행	두 발로 걸음
이름의 의미	새벽 도둑
서식 시기	트라이아스기 후기(2억 3000만 년 전~2억 2500만 년 전)
발견 장소	아르헨티나

목
길이는 길지 않지만 유연해서 바닥에 있는 먹이도 먹을 수 있었다.

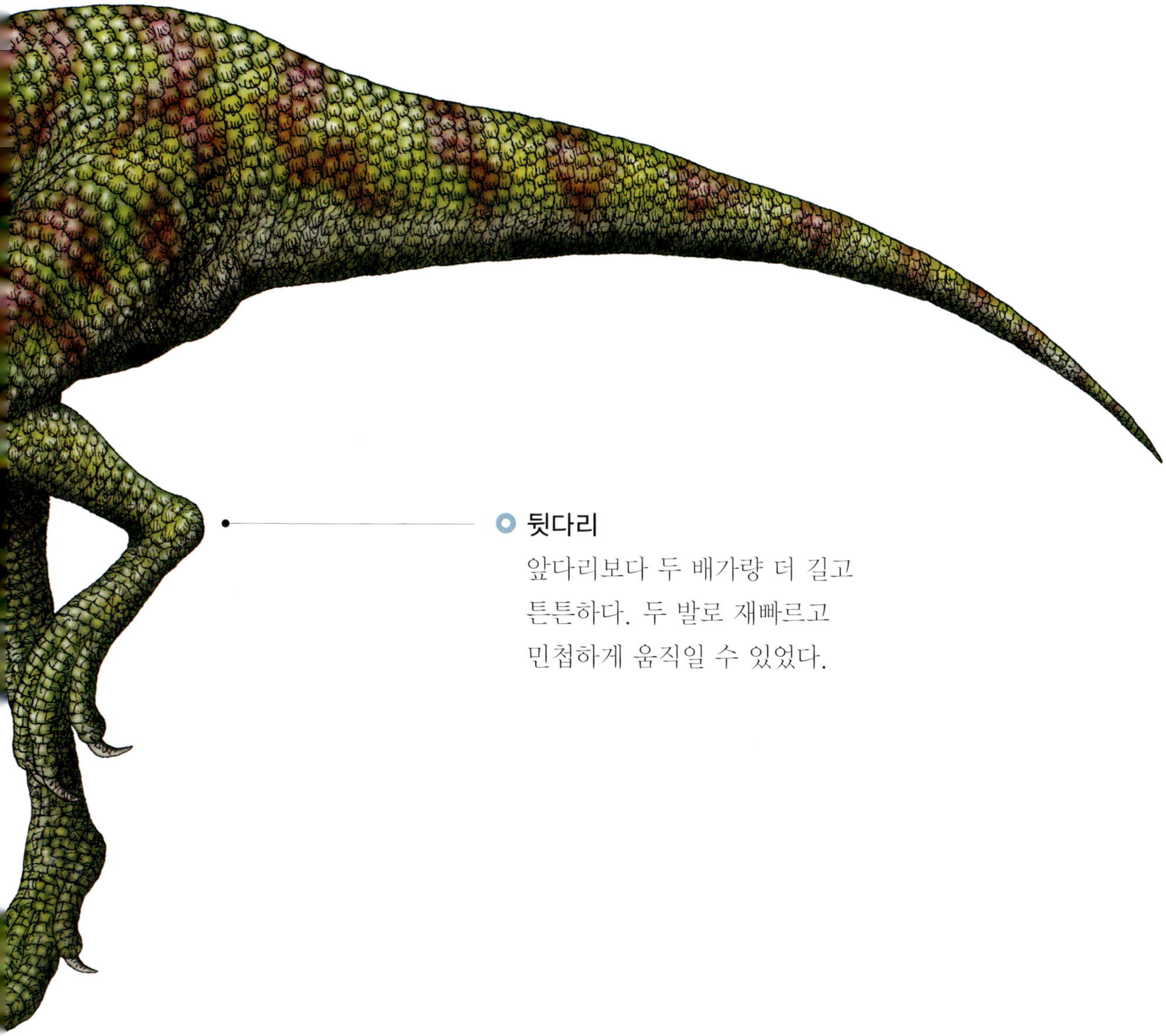

뒷다리
앞다리보다 두 배가량 더 길고 튼튼하다. 두 발로 재빠르고 민첩하게 움직일 수 있었다.

페름기 2억 9900만 년 전~2억 5100만 년 전 | 트라이아스기 2억 5100만 년 전~1억 9960만 년 전 | 쥐라기 1억 9960만 년 전~1억 4550만 년 전 | 백악기 1억 4550만 년 전~6550만 년 전 | 고제3기 6550만 년 전~2303만 년 전 | 신제3기 2303만 년 전~

중생대 2억 5100만 년 전~6550만 년 전 | 신생대 6550만 년 전~

쏜살같이 달리는 코엘로피시스

몸집이 작고 가벼워 달리기를 잘했던 육식 공룡이다. 1947년에 홍수가 일어나 한꺼번에 강바닥에 묻힌 것으로 보이는 수백 개의 화석이 미국에서 발견되었다. 이름은 '뼈 속이 빈 형태'라는 뜻으로, 실제로 뼈 속이 비어 있어서 가볍다. 또 뒷다리가 길고 튼튼하여 매우 빨리 달릴 수 있었다. 무리를 지어 생활하면서 작은 동물들을 함께 사냥했다.

입
좁고 길쭉하다. 입안에 작고 날카로운 수십 여개의 이빨이 나 있다.

앞다리
뒷다리에 비해 매우 짧다. 발가락 끝에는 날카로운 발톱이 있다.

목
길고 유연하다. 쉬고 있을 때는 긴 목을 구부리고 있다가 땅에 먹잇감이 지나가면 재빨리 목을 움직여 먹이를 잡았다.

Coelophysis bauri

46억 년 전-5억 4200만 년 전	캄브리아기 5억 4200만 년 전-4억 8830만 년 전	오르도비스기 4억 8830만 년 전-4억 4370만 년 전	실루리아기 4억 4370만 년 전-4억 1600만 년 전	데본기 4억 1600만 년 전-3억 5920만 년 전	석탄기 3억 5920만 년 전-2억 99
선캄브리아기	고생대 5억 4200만 년 전~2억 5100만 년 전				

약 3m

코엘로피시스 기본 정보

학명	*Coelophysis bauri*
분류	용반목 〉 수각류 〉 코엘로피시스과
몸길이	약 3m
몸무게	약 25kg
식성	육식
보행	두 발로 걸음
이름의 의미	뼈 속이 빈 형태
서식 시기	트라이아스기 후기(약 2억 1500만 년 전)
발견 장소	북아메리카, 남아메리카, 중국

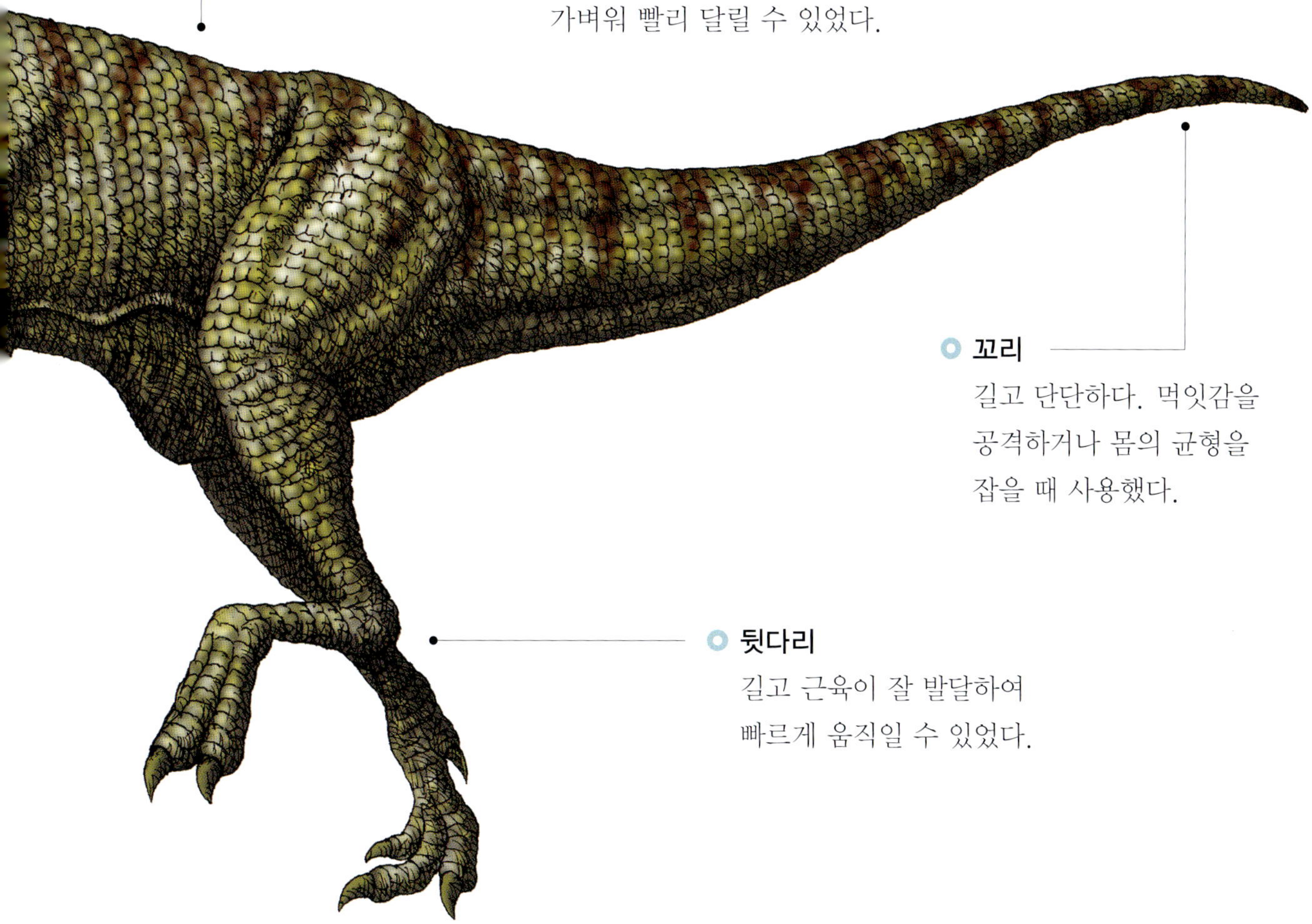

몸
꼬리 길이를 빼면 타조보다 약간 크다.
뼈 속이 비어 있기 때문에 몸무게가
가벼워 빨리 달릴 수 있었다.

꼬리
길고 단단하다. 먹잇감을
공격하거나 몸의 균형을
잡을 때 사용했다.

뒷다리
길고 근육이 잘 발달하여
빠르게 움직일 수 있었다.

페름기 2억 9900만 년 전~2억 5100만 년 전 | 트라이아스기 2억 5100만 년 전~1억 9960만 년 전 | 쥐라기 1억 9960만 년 전~1억 4550만 년 전 | 백악기 1억 4550만 년 전~6550만 년 전 | 고제3기 6550만 년 전~2303만 년 전 | 신제3기 2303만 년 전~

중생대 2억 5100만 년 전~6550만 년 전   신생대 6550만 년~

019

작은 얼굴, 긴 꼬리
플라테오사우루스

트라이아스기에 살았던 공룡 중에서 가장 몸집이 큰 공룡으로, 손꼽히는 잡식 공룡이다. 플라테오사우루스는 '평평한 도마뱀'이라는 뜻으로, 이빨의 모양이 평평해서 붙은 이름이다. 육식도 했지만 주로 초식을 했다. 유럽 곳곳에서 화석이 발견된 것으로 보아 무리를 지어 이리저리 옮겨 다니며 생활했을 것으로 보인다.

● 이빨
평평하고 납작하다. 이빨의 가장자리는 톱니처럼 거칠어서 질긴 나무줄기나 풀을 자르기에 알맞았다.

● 앞다리
다섯 개의 발가락 중 엄지발가락 끝에 달린 갈고리발톱은 먹잇감을 움켜쥐거나 적과 맞서 싸울 때 썼다.

| 46억 년 전~5억 4200만 년 전 | 캄브리아기 5억 4200만 년 전~4억 8830만 년 전 | 오르도비스기 4억 8830만 년 전~4억 4370만 년 전 | 실루리아기 4억 4370만 년 전~4억 1600만 년 전 | 데본기 4억 1600만 년 전~3억 5920만 년 전 | 석탄기 3억 5920만 년 전~2억 99 |

| 선캄브리아기 | 고생대 5억 4200만 년 전~2억 5100만 년 전 |

약 8m

○ 머리
몸집에 비해 크기가 작고, 길쭉하다.

○ 플라테오사우루스 기본 정보

학명	*Plateosaurus engelhardti*
분류	용반목 〉용각류 〉플라테오사우루스과
몸길이	약 8m
몸무게	약 4t
식성	잡식(주로 초식)
보행	네 발로 걸음
이름의 의미	평평한 도마뱀
서식 시기	트라이아스기 후기(2억 2000만 년 전~2억 1000만 년 전)
발견 장소	독일, 프랑스, 스위스, 영국 등

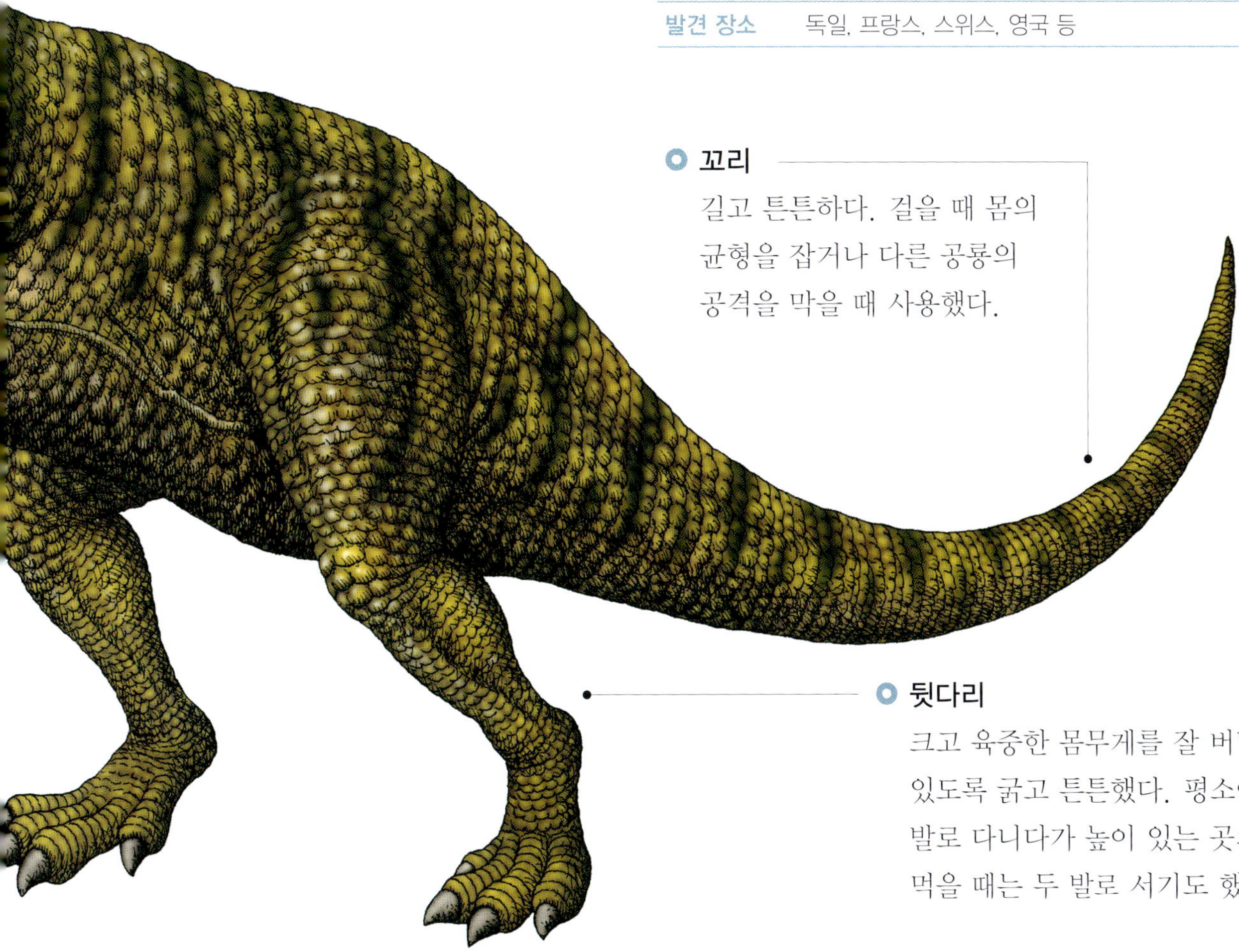

○ 꼬리
길고 튼튼하다. 걸을 때 몸의 균형을 잡거나 다른 공룡의 공격을 막을 때 사용했다.

○ 뒷다리
크고 육중한 몸무게를 잘 버틸 수 있도록 굵고 튼튼했다. 평소에는 네 발로 다니다가 높이 있는 곳의 식물을 먹을 때는 두 발로 서기도 했다.

공룡들의 만만한 사냥감
드리오사우루스

이빨의 모양이 떡갈나무 잎처럼 생긴 초식 공룡이다. 그래서 '떡갈나무 도마뱀'이란 뜻의 드리오사우루스라는 이름이 붙었다. 날카로운 발톱이나 뿔 같은 무기가 없어서 육식 공룡의 만만한 사냥감이 되었다. 하지만 드리오사우루스는 좋은 시력과 튼튼한 뒷다리가 있었기 때문에 재빨리 도망쳐 위험을 피할 수 있었다.

○ 입
새의 부리처럼 생겼다. 입 안쪽에는 떡갈나무 잎처럼 생긴 홈이 파인 어금니가 있어서 나뭇잎을 아주 잘게 부수어 먹을 수 있었다.

○ 앞다리
짧고 가느다랗다. 앞발의 다섯 개의 발가락을 이용해 나뭇잎이나 풀을 움켜쥐고 먹었다.

선캄브리아기	고생대 5억 4200만 년 전~2억 5100만 년 전
46억 년 전-5억 4200만 년 전	캄브리아기 5억 4200만 년 전-4억 8830만 년 전 · 오르도비스기 4억 8830만 년 전-4억 4370만 년 전 · 실루리아기 4억 4370만 년 전-4억 1600만 년 전 · 데본기 4억 1600만 년 전-3억 5920만 년 전 · 석탄기 3억 5920만 년 전-2억 99…

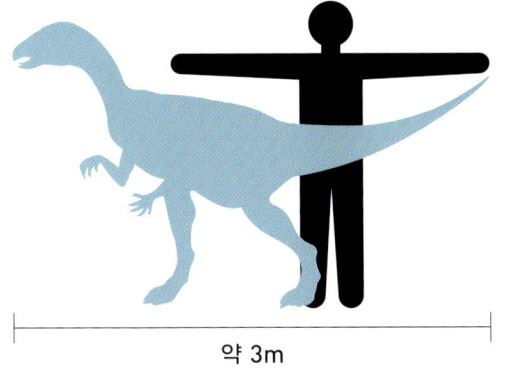

약 3m

◉ 드리오사우루스 기본 정보

학명	*Dryosaurus altus*
분류	조반목 〉 조각류 〉 드리오사우루스과
몸길이	약 3m
몸무게	80~90kg
식성	초식
보행	두 발로 걸음
이름의 의미	떡갈나무 도마뱀
서식 시기	쥐라기 후기(1억 5500만 년 전~1억 4500만 년 전)
발견 장소	아메리카, 유럽, 아프리카

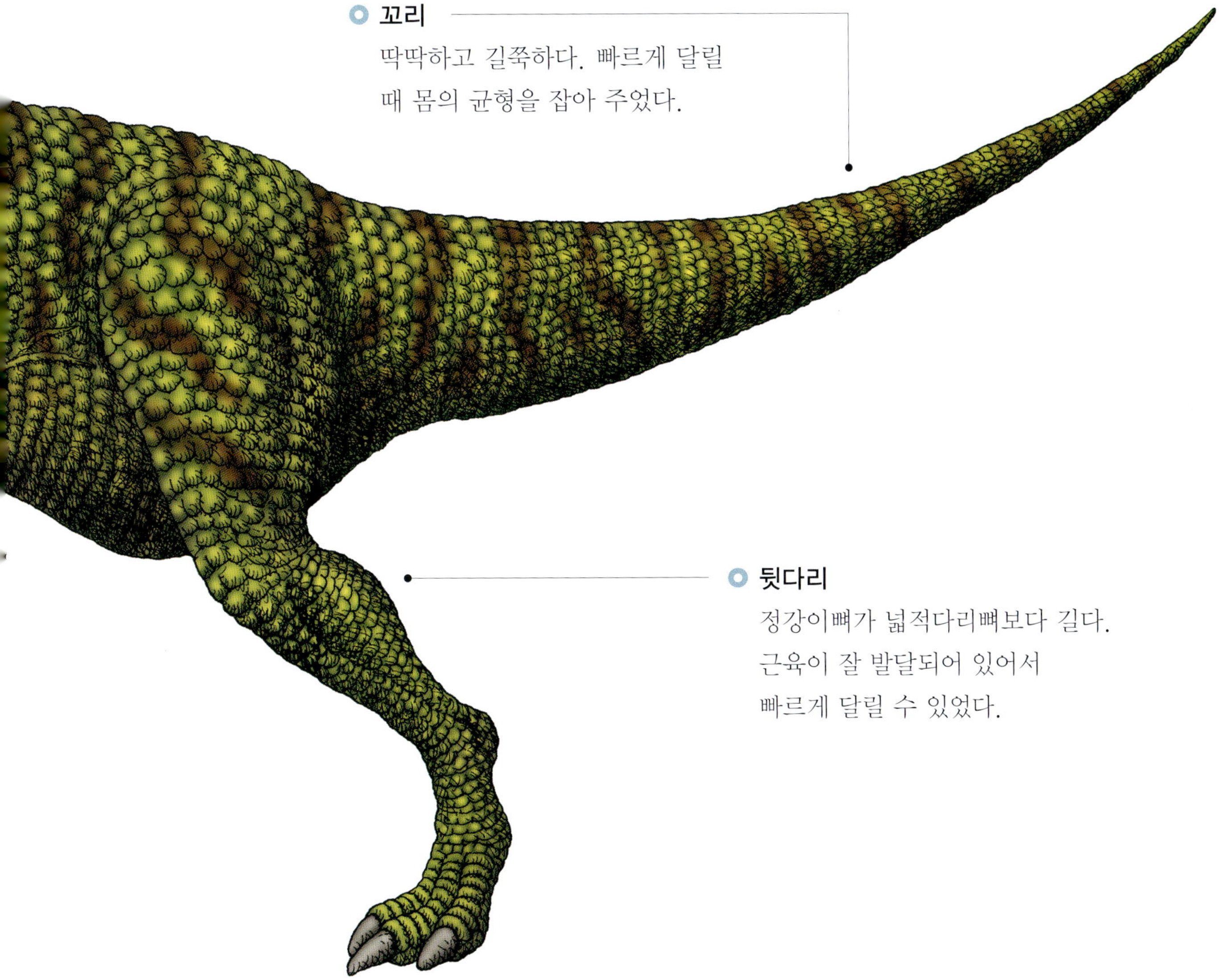

◉ 꼬리
딱딱하고 길쭉하다. 빠르게 달릴 때 몸의 균형을 잡아 주었다.

◉ 뒷다리
정강이뼈가 넓적다리뼈보다 길다. 근육이 잘 발달되어 있어서 빠르게 달릴 수 있었다.

021

덩치 큰 순둥이
디플로도쿠스

머리 윗부분에 콧구멍이 있는 초식 공룡이다. 1877년에 미국에서 화석이 처음 발견되었는데, 완전한 골격이 발견된 공룡 중에서 몸길이가 가장 길다. 머리는 매우 작고, 목과 꼬리는 매우 길다. 성격이 온순한 디플로도쿠스는 무리를 지어 살면서 어마어마한 양의 식물을 먹었다. 식물을 씹지 않고 삼켰기 때문에 소화를 위해서 위석을 먹었다.

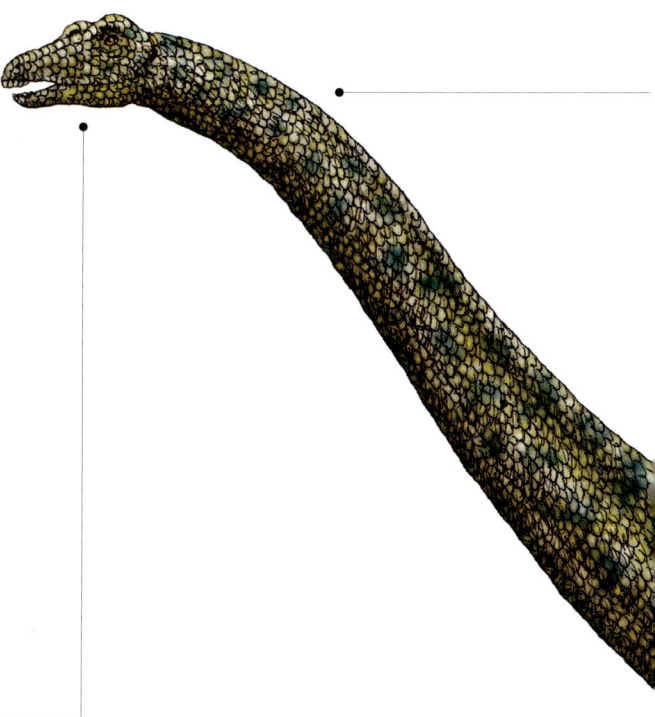

○ 머리
몸집에 비해 아주 작았다. 콧구멍이 머리 꼭대기에 있어서 물속에서 머리만 내놓고 숨을 쉴 수 있었다. 입 앞 부분에만 있는 이빨은 머리빗처럼 생겨서 나뭇잎을 훑기에 좋았다.

○ 다리
크고 무거운 몸집을 잘 지탱할 수 있도록 두껍고 튼튼했다.

Diplodocus longus

| 선캄브리아기 46억 년 전~5억 4200만 년 전 | 캄브리아기 5억 4200만 년 전~4억 8830만 년 전 | 오르도비스기 4억 8830만 년 전~4억 4370만 년 전 | 실루리아기 4억 4370만 년 전~4억 1600만 년 전 | 데본기 4억 1600만 년 전~3억 5920만 년 전 | 석탄기 3억 5920만 년 전~2억 990... |

고생대 5억 4200만 년 전~2억 5100만 년 전

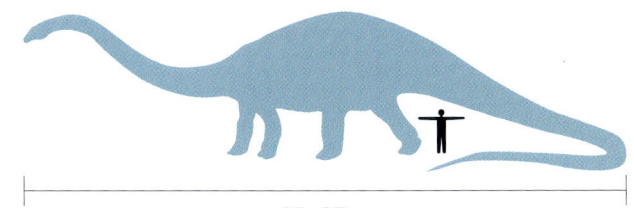

25~27m

디플로도쿠스 기본 정보

학명	*Diplodocus longus*
분류	용반목 〉 용각류 〉 디플로도쿠스과
몸길이	25~27m
몸무게	10~11t
식성	초식
보행	네 발로 걸음
이름의 의미	두 개의 기둥
서식 시기	쥐라기 후기(1억 5000만 년 전~1억 4500만 년 전)
발견 장소	미국(유타, 콜로라도, 몬태나, 와이오밍)

목

길이가 6m에 이를 정도로 매우 길다. 걸어 다닐 때는 목을 땅과 수평인 상태로 하고 움직였을 것으로 보인다.

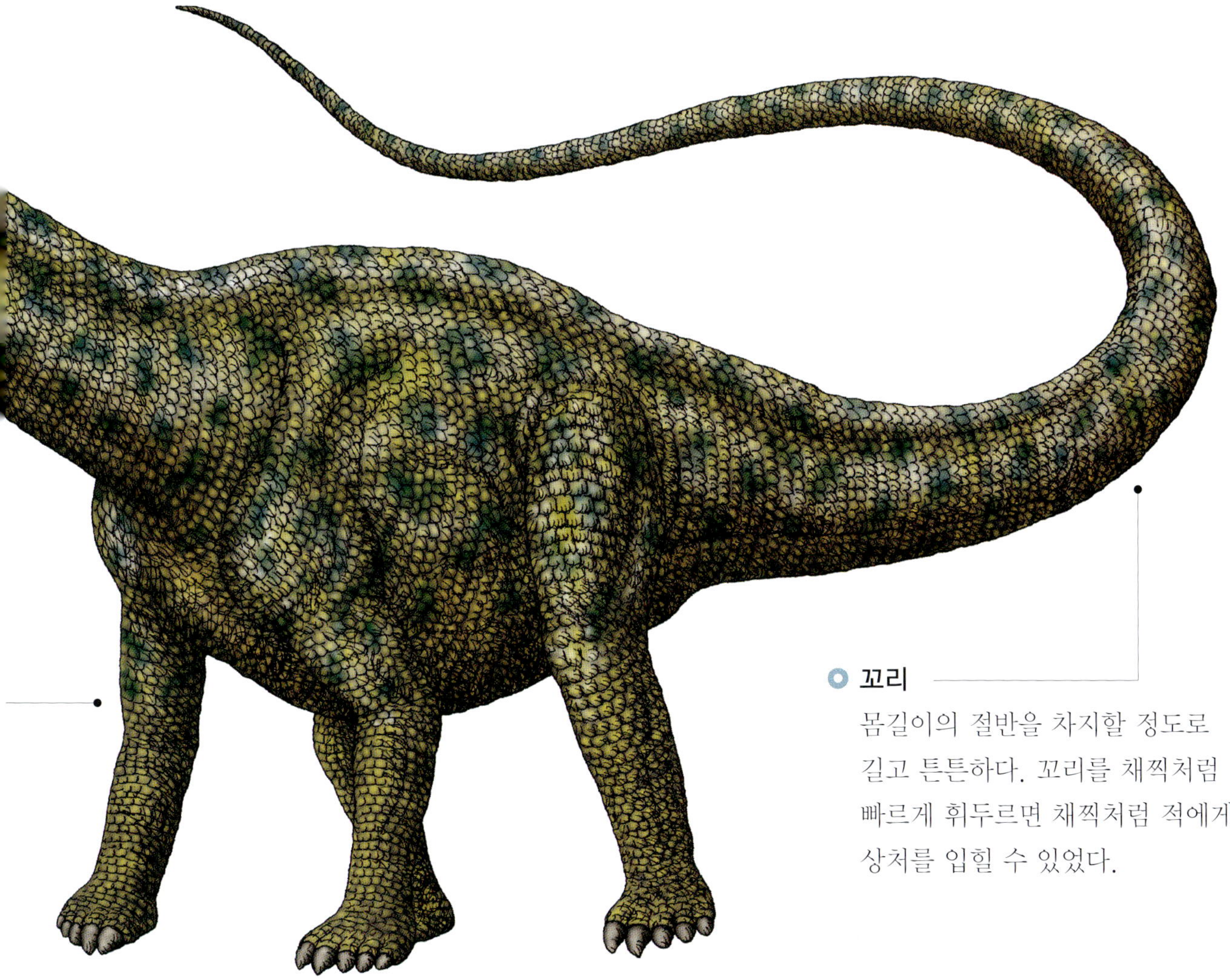

꼬리

몸길이의 절반을 차지할 정도로 길고 튼튼하다. 꼬리를 채찍처럼 빠르게 휘두르면 채찍처럼 적에게 상처를 입힐 수 있었다.

페름기 2억 9900만 년 전~2억 5100만 년 전	트라이아스기 2억 5100만 년 전~1억 9960만 년 전	쥐라기 1억 9960만 년 전~1억 4550만 년 전	백악기 1억 4550만 년 전~6550만 년 전	고제3기 6550만 년 전~2303만 년 전	신제3기 2303만 년 전~
	중생대 2억 5100만 년 전~6550만 년 전			신생대 6550만 년~	

최초로 이름을 가진 메갈로사우루스

처음으로 이름을 가진 공룡이다. 화석은 1676년에 발견되었지만 이름은 1824년에 지어졌다. 당시에는 어떤 동물의 화석인지 알지 못했기 때문에 '거대한 도마뱀'이란 뜻의 메갈로사우루스라는 이름을 붙였다. 그 뒤 1842년에 영국의 고생물학자 리처드 오언이 메갈로사우루스를 비롯한 거대한 파충류의 화석들이 아주 오래 전 멸종된 파충류의 것이라는 사실을 밝혀내고 이들을 '공룡'이라 부르기 시작했다.

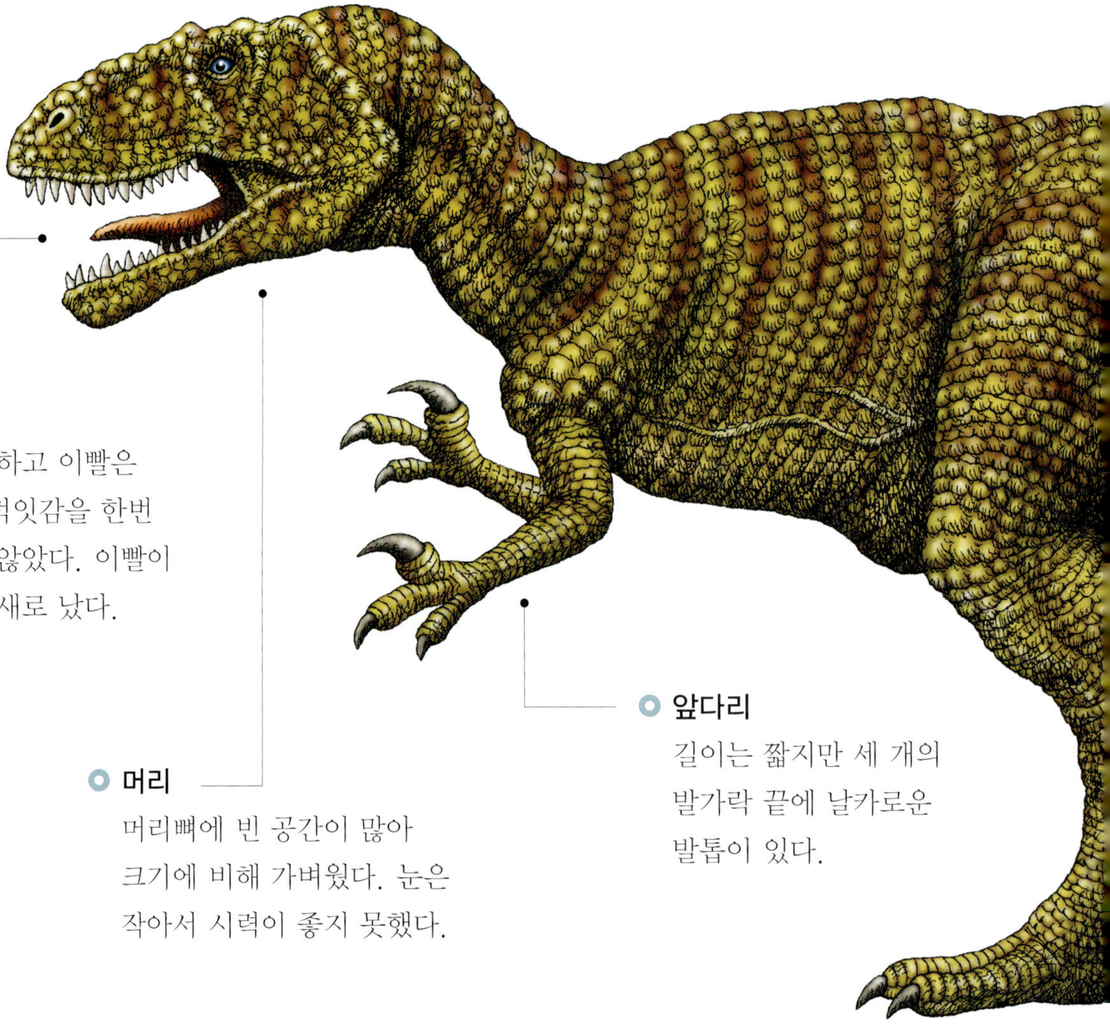

입
턱의 힘은 강하고 이빨은 날카로워서 먹잇감을 한번 물면 놓치지 않았다. 이빨이 빠지면 계속 새로 났다.

머리
머리뼈에 빈 공간이 많아 크기에 비해 가벼웠다. 눈은 작아서 시력이 좋지 못했다.

앞다리
길이는 짧지만 세 개의 발가락 끝에 날카로운 발톱이 있다.

46억 년 전-5억 4200만 년 전	캄브리아기 5억 4200만 년 전~4억 8830만 년 전	오르도비스기 4억 8830만 년 전~4억 4370만 년 전	실루리아기 4억 4370만 년 전~4억 1600만 년 전	데본기 4억 1600만 년 전~3억 5920만 년 전	석탄기 3억 5920만 년 전~2억 990
선캄브리아기	고생대 5억 4200만 년 전~2억 5100만 년 전				

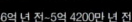

9~12m

메갈로사우루스 기본 정보

학명	*Megalosaurus bucklandii*
분류	용반목 > 수각류 > 메갈로사우루스과
몸길이	9~12m
몸무게	1~1.5t
식성	육식
보행	두 발로 걸음
이름의 의미	거대한 도마뱀
서식 시기	쥐라기 전기(약 1억 6600만 년 전)
발견 장소	영국, 모로코, 오스트레일리아, 아시아

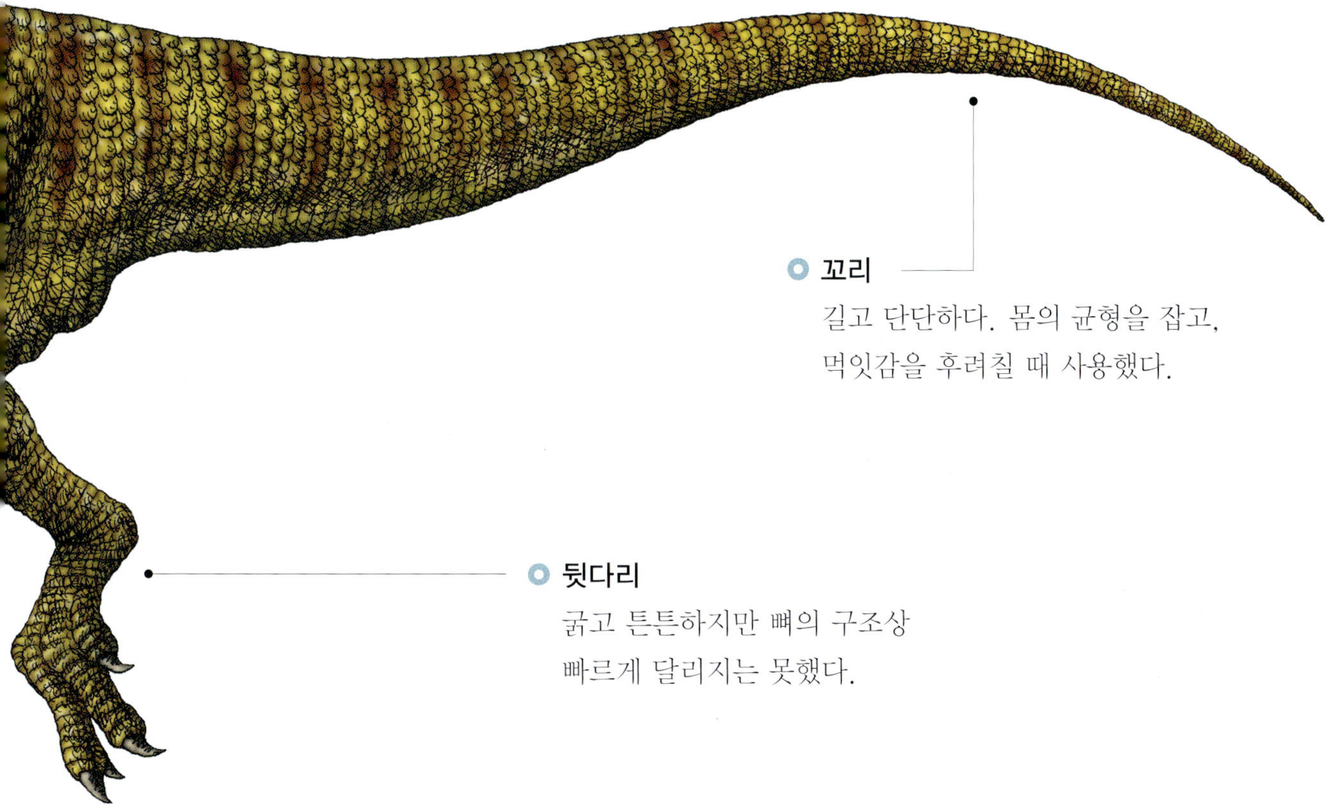

꼬리
길고 단단하다. 몸의 균형을 잡고, 먹잇감을 후려칠 때 사용했다.

뒷다리
굵고 튼튼하지만 뼈의 구조상 빠르게 달리지는 못했다.

쥐라기의 거인
바로사우루스

목이 아주 길고 몸집이 거대한 초식 공룡이다. 최대 길이가 9m에 이를 정도로 목이 길지만 뼈 속이 비어 있어 무겁지 않았다. 또 목 근육이 발달해서 마음대로 움직일 수 있었다. 미국의 박물관에 전시되어 있는 앞발을 들고 곧추 서 있는 바로사우루스 모형의 높이는 15m에 이른다. 그렇지만 실제로 바로사우루스가 목과 앞발을 들고 설 수 있었을지에 대해서는 아직 밝혀지지 않았다.

목
길이가 길다. 16개의 뼈로 이루어져 있고, 뼈 안에 빈 공간이 많아서 가벼웠다.

머리
목이 긴 다른 공룡들에 비해 작은 편이다.

이빨
머리빗 모양으로 난 이빨은 나뭇잎을 뜯거나 훑기에는 좋았지만 씹기에는 불편했다. 그래서 위석을 삼켜서 나뭇잎을 소화시켰다.

바로사우루스 기본 정보

학명	*Barosaurus lentus*
분류	용반목 〉 용각류 〉 디플로도쿠스과
몸길이	26~28m
몸무게	20~25t
식성	초식
보행	네 발로 걸음
이름의 의미	무거운 도마뱀
서식 시기	쥐라기 후기(1억 5600만 년 전~1억 4500만 년 전)
발견 장소	미국, 아프리카

○ 꼬리

생김새가 비슷한 디플로도쿠스보다 길이가 짧다. 거대한 몸의 균형을 잡아 주었다.

앞다리가 뒷다리보다 긴
브라키오사우루스

앞다리가 뒷다리보다 긴 거대한 초식 공룡이다. 1903년에 미국에서 처음 화석이 발견되었고, 그 뒤 아프리카에서도 화석이 발견되었다. 목이 긴 다른 공룡들과 달리 앞다리가 뒷다리보다 길다. 목 근육이 발달해 기린처럼 긴 목을 마음대로 움직여 높은 곳에 있는 나뭇잎도 마음껏 먹을 수 있었다.

○ 목
길이가 매우 길다. 목뼈 사이사이에 빈 공간이 있고, 목 근육이 발달해 목을 자유자재로 움직일 수 있었다.

○ 꼬리
긴 목과 균형을 이루기 위해 꼬리 역시 길고 튼튼하다. 다른 공룡이 공격하면 꼬리를 휘둘러 방어했다.

46억 년 전~5억 4200만 년 전	캄브리아기 5억 4200만 년 전~4억 8830만 년 전	오르도비스기 4억 8830만 년 전~4억 4370만 년 전	실루리아기 4억 4370만 년 전~4억 1600만 년 전	데본기 4억 1600만 년 전~3억 5920만 년 전	석탄기 3억 5920만 년 전~2억 9…
선캄브리아기	고생대 5억 4200만 년 전~2억 5100만 년 전					

26~28m

◉ 브라키오사우루스 기본 정보

학명	*Brachiosaurus altithorax*
분류	용반목 〉 용각류 〉 브라키오사우루스과
몸길이	26~28m
몸무게	28~30t
식성	초식
보행	네 발로 걸음
이름의 의미	앞다리 도마뱀
서식 시기	쥐라기 후기(1억 5000만 년 전~1억 4500만 년 전)
발견 장소	미국, 탄자니아, 알제리

◉ 입
입안에 이빨이 갈퀴처럼 나 있어 나뭇잎을 훑어 먹기에 좋았다. 하루에 2t 가량의 식물을 먹었다.

◉ 머리
크기는 작고 머리 꼭대기에 콧구멍이 있다. 콧구멍이 머리 위에 있는 이유는 정확하게 밝혀지지 않았지만 콧구멍으로 찬 공기를 들이마셔서 뜨거워진 머리를 식혔을 것이라는 주장이 가장 유력하다.

◉ 앞다리
목이 긴 다른 공룡들과 달리 앞다리가 뒷다리보다 길어서 어깨의 높이가 몸통보다 높다.

025

지진을 일으킬 듯 거대한 몸집
세이스모사우루스

지금까지 발견된 공룡 중에서 몸길이가 가장 긴 초식 공룡이다. 세이스모사우루스는 '지진 도마뱀'이란 뜻으로, 몸집이 거대해서 걸을 때마다 지진이 난 것처럼 땅이 흔들렸을 거라는 추측으로 붙은 이름이다. 머리는 작고, 목과 꼬리는 아주 길다. 긴 목을 이용해 높은 곳에 있는 식물도 마음껏 먹을 수 있었는데, 소화를 위해 위석을 삼켰다.

○ **이빨**
입 앞쪽에만 있는데, 연필심처럼 가늘고 끝이 뾰족하다.

○ **목**
일부 목뼈의 속이 비어 있어 길이에 비해 가볍다. 목 근육이 발달하여 긴 목도 자유롭게 움직일 수 있었다.

○ **다리**
뒷다리가 앞다리보다 길다. 발은 코끼리 발처럼 두툼하고 넓적하다.

Seismosaurus hallorum

46억 년 전~5억 4200만 년 전	캄브리아기 5억 4200만 년 전~4억 8830만 년 전	오르도비스기 4억 8830만 년 전~4억 4370만 년 전	실루리아기 4억 4370만 년 전~4억 1600만 년 전	데본기 4억 1600만 년 전~3억 5920만 년 전	석탄기 3억 5920만 년 전~2억 9
선캄브리아기	고생대 5억 4200만 년 전~2억 5100만 년 전				

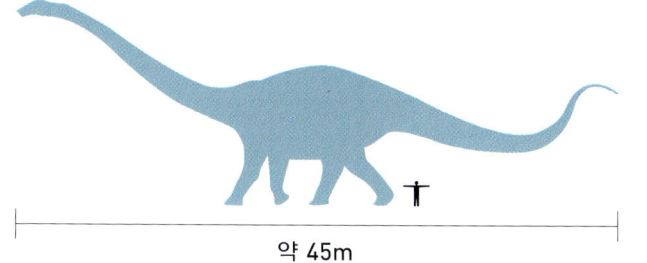

약 45m

세이스모사우루스 기본 정보

학명	*Seismosaurus hallorum*
분류	용반목 〉 용각류 〉 디플로도쿠스과
몸길이	약 45m
몸무게	10~16t
식성	초식
보행	네 발로 걸음
이름의 의미	지진 도마뱀
서식 시기	쥐라기 후기(1억 5600만 년 전~1억 4500만 년 전)
발견 장소	미국

위
거대한 몸집만큼 위의 크기도 크고
그 안에 들어 있는 위석의 수도 많았다.

꼬리
아주 길고 유연하다.
육식 공룡이 달려들 때
꼬리를 휘둘러 쫓아냈다.

페름기 2억 9900만 년 전~2억 5100만 년 전 | 트라이아스기 2억 5100만 년 전~1억 9960만 년 전 | 쥐라기 1억 9960만 년 전~1억 4550만 년 전 | 백악기 1억 4550만 년 전~6550만 년 전 | 고제3기 6550만 년 전~2303만 년 전 | 신제3기 2303만 년 전~

중생대 2억 5100만 년 전~6550만 년 전 | 신생대 6550만 년~

026

등에 지붕을 이고 다니는
스테고사우루스

등에 여러 개의 커다란 골판이 있는 초식 공룡이다. 스테고사우루스는 '지붕 도마뱀'이란 뜻으로, 등에 두 줄로 솟아 있는 골판 때문에 붙은 이름이다. 스테고사우루스는 행동이 느렸지만 골판 때문에 몸집이 거대해 보여서 육식 공룡들이 함부로 덤비지 못했다. 골판은 체온을 조절하거나 몸의 색을 바꾸는 데 사용했을 것으로 보인다.

스테고사우루스 • 세계의 공룡

Stegosaurus armatus

○ **머리**
길쭉하고 폭이 좁으며, 몸집에 비해 크기가 작다. 뇌의 크기는 아주 작아서 호두만 하다. 입은 새의 부리처럼 생겼고, 입안에 있는 이빨은 작고 약했다.

| 46억 년 전-5억 4200만 년 전 | 캄브리아기 5억 4200만 년 전-4억 8830만 년 전 | 오르도비스기 4억 8830만 년 전-4억 4370만 년 전 | 실루리아기 4억 4370만 년 전-4억 1600만 년 전 | 데본기 4억 1600만 년 전-3억 5920만 년 전 | 석탄기 3억 5920만 년 전-2억 99 |
| 선캄브리아기 | 고생대 5억 4200만 년 전~2억 5100만 년 전 ||||||

6~9m

⊙ 스테고사우루스 기본 정보

학명	*Stegosaurus armatus*
분류	조반목 〉 검룡류 〉 스테고사우루스과
몸길이	6~9m
몸무게	2~2.5t
식성	초식
보행	네 발로 걸음
이름의 의미	지붕 도마뱀
서식 시기	쥐라기 후기(1억 5000만 년 전~1억 4500만 년 전)
발견 장소	북아메리카, 포르투갈

⊙ 등
두 줄로 골판이 솟아 있다. 골판은 나뭇잎처럼 넓적하게 생겼으며, 두꺼운 각질로 덮여 있었다.

⊙ 꼬리
꼬리 끝에는 끝이 뾰족한 두 쌍의 가시가 있다. 가시는 육식 공룡을 공격할 때 썼을 것으로 보인다.

⊙ 다리
앞다리가 뒷다리보다 짧다. 발은 코끼리 발처럼 생겼으며, 짧고 작은 발톱이 있다.

이름이 두 개였던 아파토사우루스

목이 두껍고 몸집이 거대한 초식 공룡이다. 아파토사우루스는 한때 브론토사우루스라고 불렸다. 그런데 1877년에 발견된 아파토사우루스의 화석과 1879년에 발견된 브론토사우루스의 화석이 같은 공룡의 화석이라는 사실이 1903년에 밝혀지면서 아파토사우루스란 이름만 남게 되었다. 아파토사우루스는 성질이 온순하고 여러 마리가 무리를 지어 생활했다.

목
길이는 약 6m이고 뒤로 갈수록 두껍다. 목에서부터 엉덩이까지 발달한 강력한 힘줄이 목을 자유자재로 움직일 수 있게 해 주었다.

입
입안에 여러 개의 이빨이 나 있다. 못처럼 생긴 이빨로는 나뭇잎을 긁어모았고, 끌처럼 생긴 이빨로는 질긴 나무줄기를 잘라 먹었다.

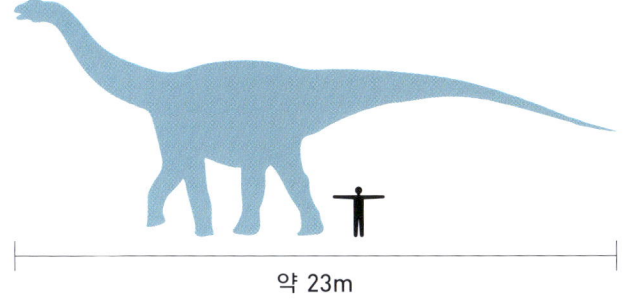

약 23m

🔵 아파토사우루스 기본 정보

학명	*Apatosaurus ajax*
분류	용반목 〉 용각류 〉 디플로도쿠스과
몸길이	약 23m
몸무게	25~30t
식성	초식
보행	네 발로 걸음
이름의 의미	남을 속이는 도마뱀
서식 시기	쥐라기 후기(1억 5400만 년 전~1억 5000만 년 전)
발견 장소	미국(유타, 콜로라도)

🔵 꼬리
끝으로 갈수록 가늘다. 긴 꼬리를 채찍처럼 힘차게 휘두르면 적에게 큰 상처를 입힐 수 있었다.

🔵 다리
큰 몸집을 지탱할 수 있도록 코끼리 다리처럼 두껍고 튼튼하다. 앞다리가 뒷다리보다 짧으며, 발에는 커다란 발톱이 나 있다.

| 페름기 2억 9900만 년 전~2억 5100만 년 전 | 트라이아스기 2억 5100만 년 전~1억 9960만 년 전 | 쥐라기 1억 9960만 년 전~1억 4550만 년 전 | 백악기 1억 4550만 년 전~6550만 년 전 | 고제3기 6550만 년 전~2303만 년 전 | 신제3기 2303만 년 전~ |

| 중생대 2억 5100만 년 전~6550만 년 전 | 신생대 6550만 년~ |

028

쥐라기를 주름잡은
알로사우루스

사냥 솜씨가 매우 뛰어난 육식 공룡이다. 강력한 턱, 날카로운 이빨과 발톱이 있다. 몸집에 비해 몸이 가볍고, 뒷다리가 튼튼하여 빨리 달릴 수 있었기 때문에 육식 공룡 중에서도 사냥 솜씨가 뛰어났다.
주로 혼자서 사냥을 했는데, 필요한 경우에는 무리를 지어 사냥하기도 했다.

● 입
입안에 길이가 10㎝ 정도 되는 톱니 같은 날카로운 이빨이 여러 개 나 있다.

● 머리
몸집에 비해 크다. 콧구멍의 크기는 어른 손바닥만 해서 후각이 발달했을 것으로 보인다. 눈동자를 보호하기 위해 눈 위에 작은 돌기가 솟아 있다.

● 앞다리
길이가 짧지만 먹이를 낚아챌 수 있을 만큼 힘이 세고, 발가락 끝에는 날카로운 발톱이 나 있어 먹잇감을 공격하기에 좋았다.

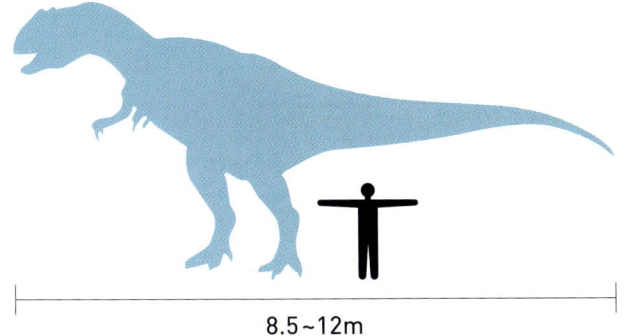

8.5~12m

알로사우루스 기본 정보

학명	*Allosaurus fragilis*
분류	용반목 〉수각류 〉알로사우루스과
몸길이	8.5~12m
몸무게	약 5t
식성	육식
보행	두 발로 걸음
이름의 의미	다른 도마뱀
서식 시기	쥐라기 후기(1억 5400만 년 전~1억 4400만 년 전)
발견 장소	미국, 탄자니아, 오스트레일리아, 포르투갈

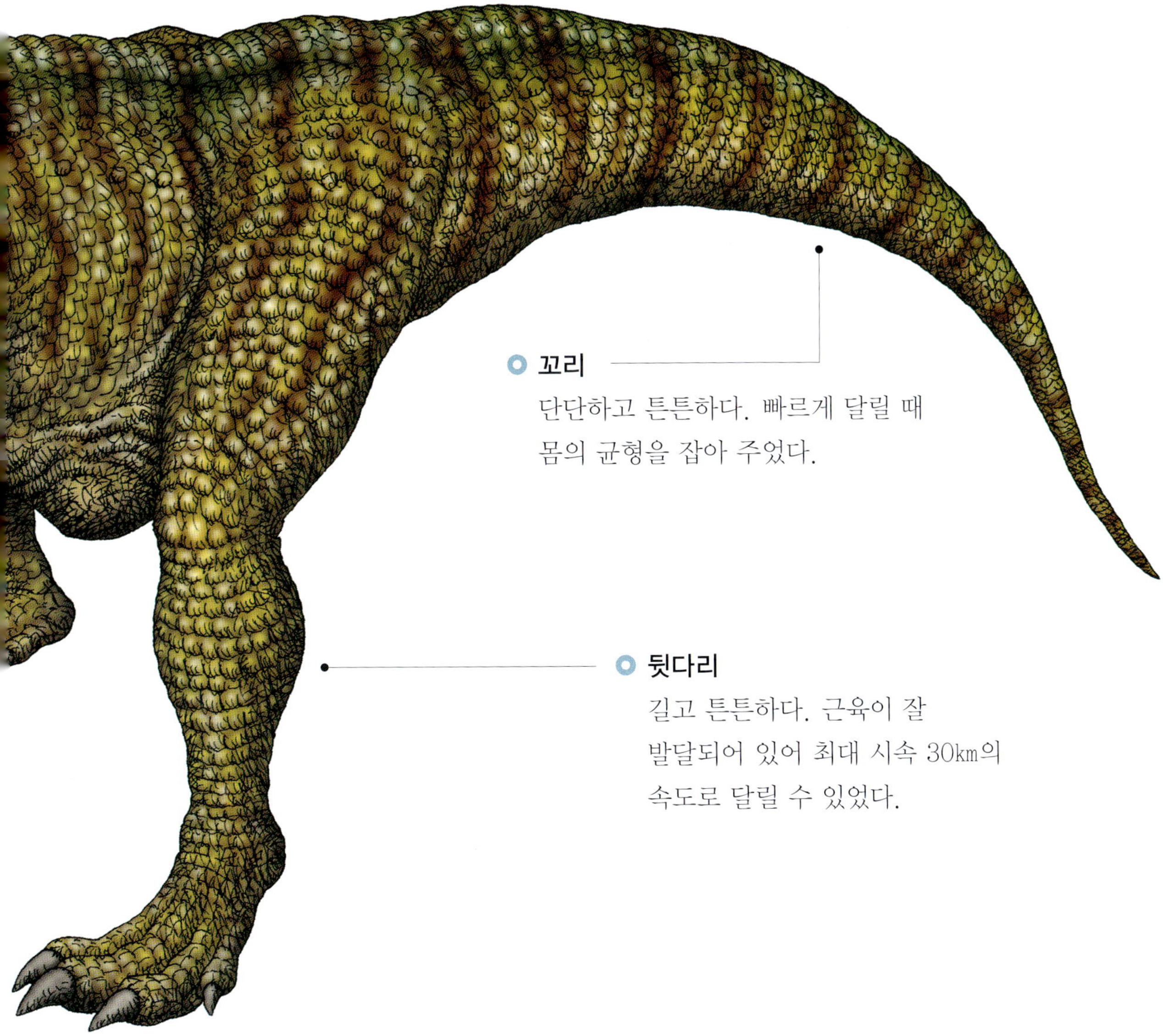

꼬리
단단하고 튼튼하다. 빠르게 달릴 때 몸의 균형을 잡아 주었다.

뒷다리
길고 튼튼하다. 근육이 잘 발달되어 있어 최대 시속 30km의 속도로 달릴 수 있었다.

029

뼈에 구멍이 있는
카마라사우루스

쥐라기 후기에 북아메리카 지역에서 가장 번성했던 초식 공룡이다. 카마라사우루스는 '구멍이 있는 도마뱀'이라는 뜻으로, 등뼈에 커다란 구멍이 있어서 붙은 이름이다. 등뼈에 있는 구멍 때문에 몸집에 비해 몸무게가 가벼웠다. 목이 긴 다른 초식 공룡들보다 목과 꼬리가 짧다. 육식 공룡의 공격을 막기 위해 무리를 지어 생활했다.

○ 목
목이 긴 다른 초식 공룡들보다 길이가 짧고 두껍다. 그래서 비교적 낮은 곳에 있는 식물을 먹었다.

○ 머리
작고 길쭉하다. 눈 근처에 콧구멍이 있다. 입안에 있는 이빨은 끝이 날카로워서 나뭇잎을 뜯거나 나뭇가지를 긁어 모으기에 좋았다.

| 선캄브리아기 | 캄브리아기 | 오르도비스기 | 실루리아기 | 데본기 | 석탄기 |
| 46억 년 전-5억 4200만 년 전 | 5억 4200만 년 전-4억 8830만 년 전 | 4억 8830만 년 전-4억 4370만 년 전 | 4억 4370만 년 전-4억 1600만 년 전 | 4억 1600만 년 전-3억 5920만 년 전 | 3억 5920만 년 전-2억 990... |

고생대 5억 4200만 년 전~2억 5100만 년 전

Camarasaurus supremus · 세계의 공룡

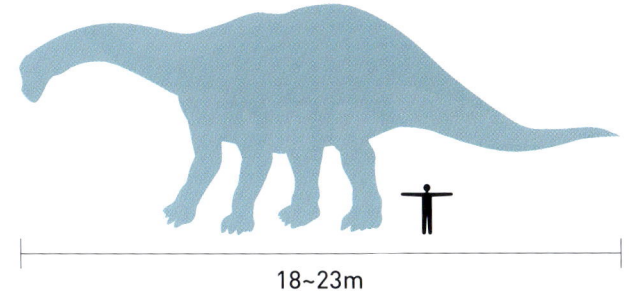

18~23m

🎯 카마라사우루스 기본 정보

학명	*Camarasaurus supremus*
분류	용반목 〉 용각류 〉 카마라사우루스과
몸길이	18~23m
몸무게	30~47t
식성	초식
보행	네 발로 걸음
이름의 의미	구멍이 있는 도마뱀
서식 시기	쥐라기 후기(1억 5000만 년 전~1억 4000만 년 전)
발견 장소	미국

🔵 몸
앞다리와 뒷다리의 길이가 비슷해서 어깨와 엉덩이의 높이가 비슷했다.

🔵 꼬리
목이 긴 다른 초식 공룡들보다 짧고 납작하다. 50개가 넘는 뼈로 이루어져 있으며, 땅에 닿지 않도록 들고 다녔다.

🔵 다리
굵고 튼튼하여 무거운 몸집을 잘 지탱할 수 있었다.

030

이름만 예쁜 포식자
콤프소그나투스

시조새와 골격이 매우 닮은 육식 공룡이다. 콤프소그나투스는 '예쁜 턱', '작은 턱'이라는 뜻이지만 이름의 뜻과 달리 성질은 사납고 포악했다. 새처럼 뼈 속이 비어 있어서 몸이 가벼웠고, 뒷다리가 길어서 빨리 달릴 수 있었다. 주로 물가나 늪 주변에 살면서 도마뱀 같은 작은 동물들을 잡아먹었다.

○ 입
입안에 날카롭고 뒤로 약간 휘어진 이빨이 여러 개 나 있다.

○ 눈
크기가 크고 시력이 좋아서 밤에도 사냥을 잘했을 것으로 보인다.

○ 앞다리
길이는 짧지만 네 개의 발가락 끝에 날카로운 발톱이 나 있다. 발톱을 이용해 먹잇감을 움켜쥐거나 집어 올렸다.

선캄브리아기	고생대 5억 4200만 년 전~2억 5100만 년 전
46억 년 전-5억 4200만 년 전	캄브리아기 5억 4200만 년 전-4억 8830만 년 전 / 오르도비스기 4억 8830만 년 전-4억 4370만 년 전 / 실루리아기 4억 4370만 년 전-4억 1600만 년 전 / 데본기 4억 1600만 년 전-3억 5920만 년 전 / 석탄기 3억 5920만 년 전-2억 99...

0.7~1.4m

◎ 콤프소그나투스 기본 정보

학명	*Compsognathus longipes*
분류	용반목 〉 수각류 〉 콤프소그나투스과
몸길이	0.7~1.4m
몸무게	3~4kg
식성	육식
보행	두 발로 걸음
이름의 의미	예쁜 턱, 작은 턱
서식 시기	쥐라기 후기(약 1억 5000만 년 전)
발견 장소	독일, 프랑스, 포르투갈

◎ 몸
가볍고 날씬하다. 몸을 보호하고 체온을 유지하기 위해 몸에 털이 나 있었을 것으로 보고 있다.

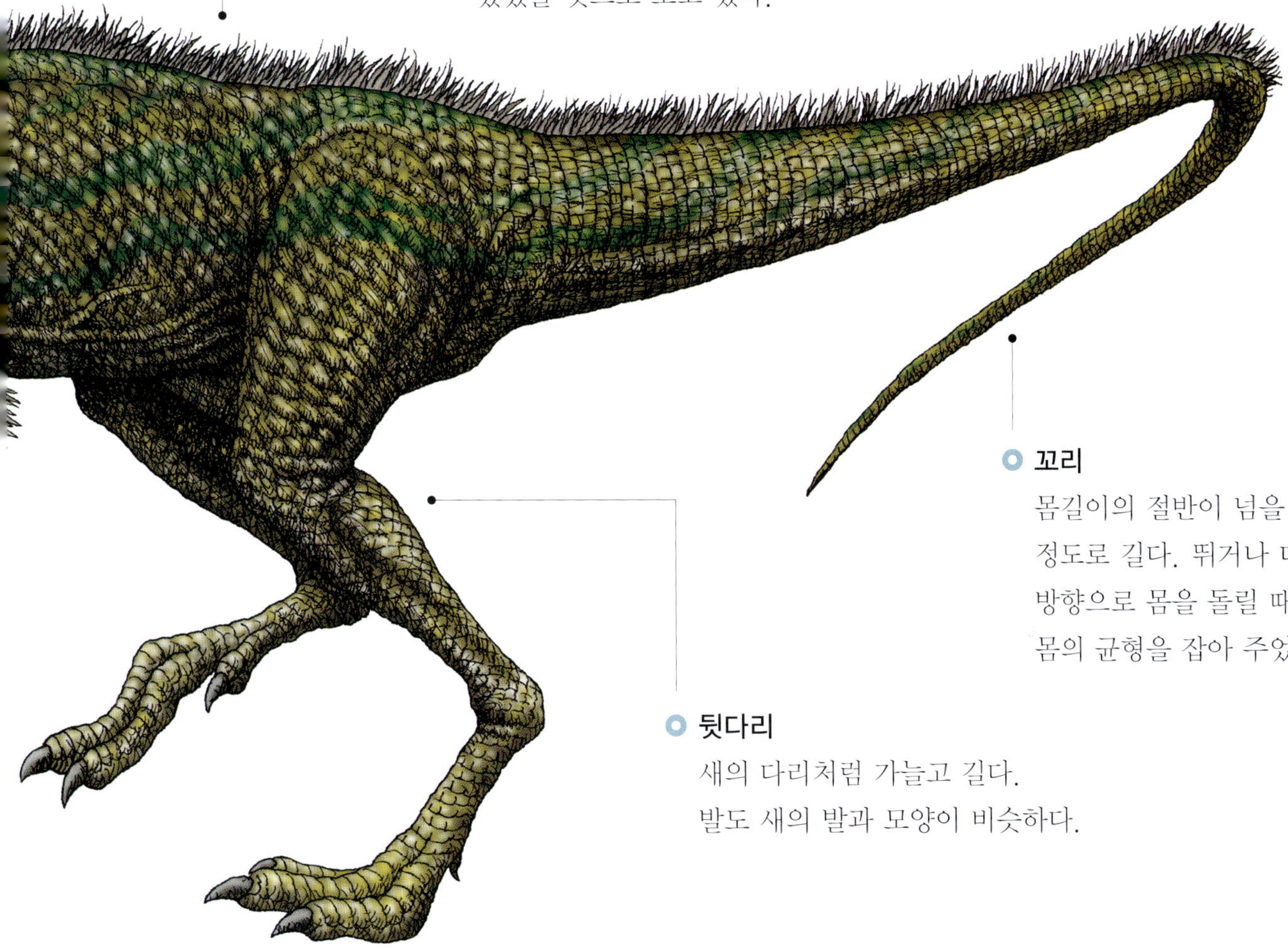

◎ 꼬리
몸길이의 절반이 넘을 정도로 길다. 뛰거나 다른 방향으로 몸을 돌릴 때 몸의 균형을 잡아 주었다.

◎ 뒷다리
새의 다리처럼 가늘고 길다. 발도 새의 발과 모양이 비슷하다.

031

등에 가시가 삐죽이 솟은
투오지앙고사우루스

등에 골판이 삐죽이 솟아 있는 초식 공룡이다. 아시아에서 등에 골판이 있는 공룡이 발견된 것은 투오지앙고사우루스가 처음이다. 1970년에 중국의 투오 강 근처에서 화석이 발견되어 '투오 강의 도마뱀'이라는 뜻의 투오지앙고사우루스라는 이름이 붙었다. 성격은 온순했지만 육식 공룡의 공격을 받으면 등에 있는 골판과 꼬리에 있는 가시로 맞서 싸웠다.

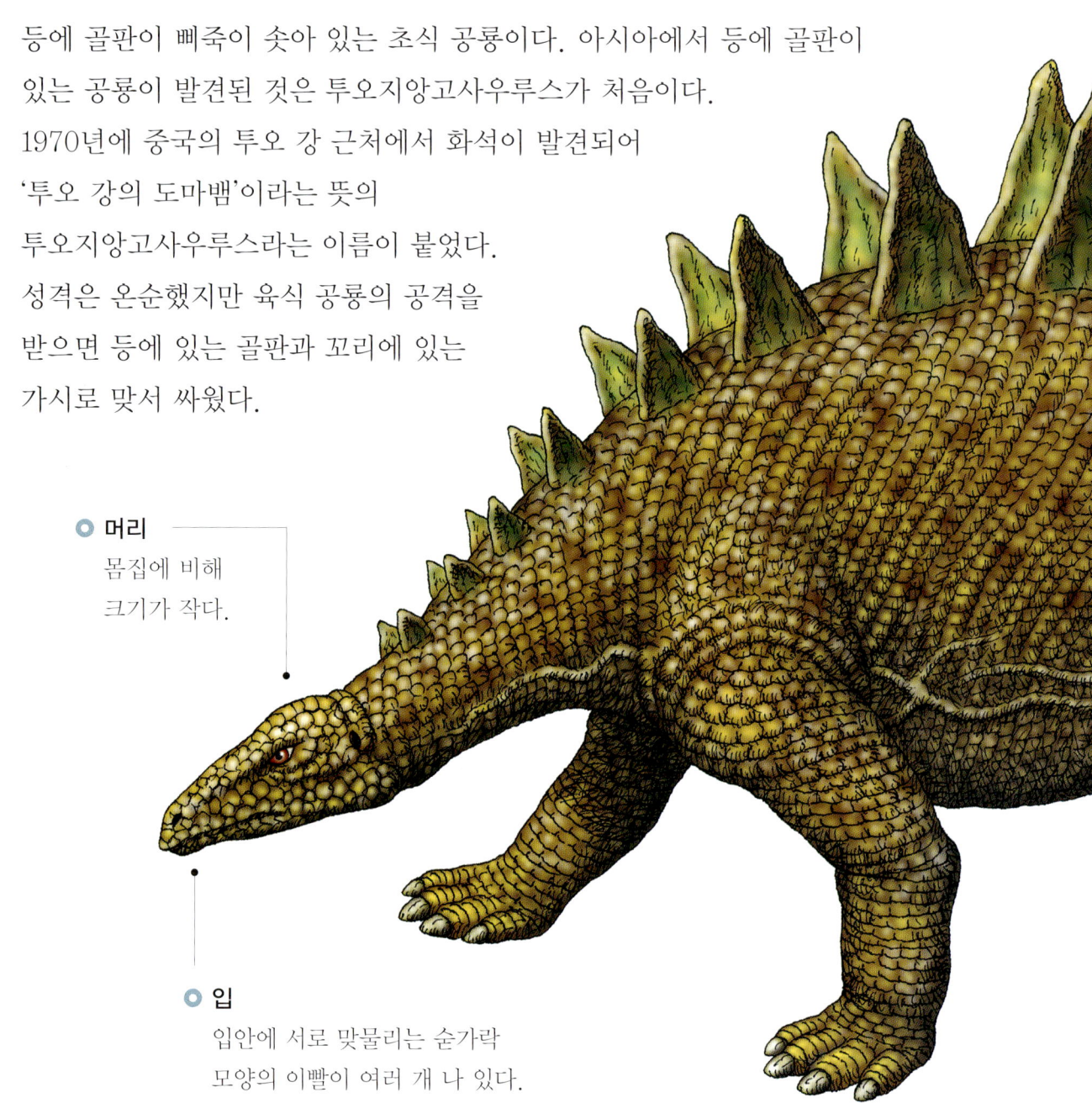

○ 머리
몸집에 비해 크기가 작다.

○ 입
입안에 서로 맞물리는 숟가락 모양의 이빨이 여러 개 나 있다.

투오지앙고사우루스 · 세계의 공룡

Tuojiangosaurus multispinus

| 46억 년 전~5억 4200만 년 전 | 캄브리아기 5억 4200만 년 전~4억 8830만 년 전 | 오르도비스기 4억 8830만 년 전~4억 4370만 년 전 | 실루리아기 4억 4370만 년 전~4억 1600만 년 전 | 데본기 4억 1600만 년 전~3억 5920만 년 전 | 석탄기 3억 5920만 년 전~2억 99 |

| 선캄브리아기 | 고생대 5억 4200만 년 전~2억 5100만 년 전 |

6~7m

투오지앙고사우루스 기본 정보

학명	*Tuojiangosaurus multispinus*
분류	조반목 〉 검룡류 〉 스테고사우루스과
몸길이	6~7m
몸무게	2.5~4t
식성	초식
보행	네 발로 걸음
이름의 의미	투오 강의 도마뱀
서식 시기	쥐라기 후기(1억 6300만 년 전~1억 5000만 년 전)
발견 장소	중국

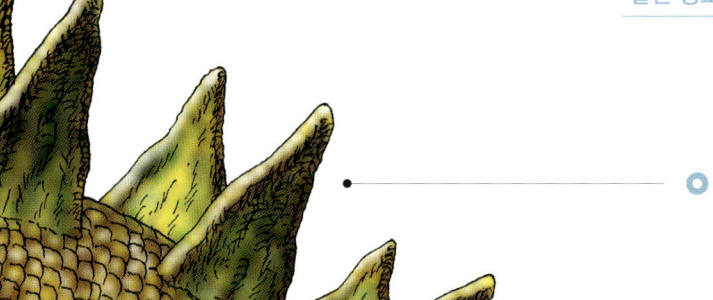

골판
삼각형 모양으로, 목에서부터 꼬리까지 나 있다. 등쪽으로 갈수록 크기가 더 크고 날카롭다.

다리
크고 튼튼하다. 평소에는 네 발로 걸었지만 필요에 따라 두 발로 서기도 했다.

꼬리
끝 부분에 두 쌍의 뾰족한 가시가 나 있다.

거대한 사냥꾼
기가노토사우루스

가장 유명한 공룡인 티라노사우루스보다 몸집이 더 큰 육식 공룡이다. 아르헨티나에서 처음 화석이 발견되었다. 기가노토사우루스는 후각과 시각이 발달한 매우 뛰어난 사냥꾼이었다. 멀리 있는 먹잇감도 쉽게 찾아냈으며, 먹잇감을 발견하면 엄청나게 빠른 속도로 움직여 사냥했다.

○ **머리**
몸집에 비해 크기가 크다. 길쭉하고 끝으로 갈수록 폭이 좁아진다.

○ **앞다리**
뒷다리에 비해 매우 작다. 세 개의 발가락 끝에는 날카로운 발톱이 나 있다.

선캄브리아기	캄브리아기	오르도비스기	실루리아기	데본기	석탄기
46억 년 전-5억 4200만 년 전	5억 4200만 년 전-4억 8830만 년 전	4억 8830만 년 전-4억 4370만 년 전	4억 4370만 년 전-4억 1600만 년 전	4억 1600만 년 전-3억 5920만 년 전	3억 5920만 년 전-2억 99...

고생대 5억 4200만 년 전~2억 5100만 년 전

기가노토사우루스 기본 정보

학명	*Giganotosaurus carolinii*
분류	용반목 〉 수각류 〉 카르카로돈토사우루스과
몸길이	12~13m
몸무게	약 7t
식성	육식
보행	두 발로 걸음
이름의 의미	남쪽의 거대한 도마뱀
서식 시기	백악기 후기(약 9700만 년 전)
발견 장소	아르헨티나

꼬리
길고 곧다. 빠르게 달릴 때 몸의 균형을 잡아 주었다.

뒷다리
길고 근육이 잘 발달되어서 최대 시속 50km까지 빠르게 달릴 수 있었다.

033

거대한 새를 닮은
기간토랍토르

거대한 새를 닮은 잡식 공룡이다. 2007년에 중국에서 처음 화석이 발견되었다. 새를 닮은 오비랍토르과에 속하는 공룡 중에서 몸집이 가장 크다. 몸집은 크지만 뒷다리가 길고 튼튼해서 빠르게 달릴 수 있었다. 초식 공룡처럼 목이 길지만, 육식 공룡처럼 날카로운 발톱을 갖고 있어서 잡식성이었을 것으로 추측하고 있다.

입
새의 부리처럼 생겼으며 이빨은 없다.

앞다리
깃털이 나 있고, 발가락 끝에 20㎝가량의 날카로운 발톱이 있다.

◉ 기간토랍토르 기본 정보

학명	*Gigantoraptor erlianensis*
분류	용반목 > 수각류 > 오비랍토르과
몸길이	약 8m
몸무게	약 1.4t
식성	잡식
보행	두 발로 걸음
이름의 의미	거대한 도둑
서식 시기	백악기 후기(8500만 년 전~8000만 년 전)
발견 장소	중국

○ 깃털
화석에서는 깃털이 발견되지 않았으나 체온을 유지하기 위해 깃털이 있었을 것으로 보고 있다.

○ 뒷다리
타조의 다리처럼 길고 튼튼해서 빨리 달릴 수 있었다.

034

놀랍도록 빠른 공룡
데이노니쿠스

커다란 갈고리발톱이 특징인 작고 재빠른 육식 공룡이다. 데이노니쿠스는 '무시무시한 발톱'이라는 뜻으로, 데이노니쿠스의 크고 날카로운 갈고리발톱 때문에 붙은 이름이다. 1964년에 몸집이 작은 데이노니쿠스가 몸집이 큰 초식 공룡을 공격하고 있는 화석이 발견되면서 '공룡은 둔하고 몸집만 큰 짐승'이라는 사람들의 생각을 바꾸어 놓았다.

◯ 머리
몸집에 비해 뇌의 크기가 크다. 무리를 지어 사냥했을 것으로 보인다.

◯ 입
길쭉하고 튼튼하다. 입안에는 칼날 모양의 날카로운 이빨이 나 있다.

데이노니쿠스 · 세계의 공룡

Deinonychus antirrhopus

46억 년 전~5억 4200만 년 전	캄브리아기 5억 4200만 년 전~4억 8830만 년 전	오르도비스기 4억 8830만 년 전~4억 4370만 년 전	실루리아기 4억 4370만 년 전~4억 1600만 년 전	데본기 4억 1600만 년 전~3억 5920만 년 전	석탄기 3억 5920만 년 전~2억 9
선캄브리아기	고생대 5억 4200만 년 전~2억 5100만 년 전				

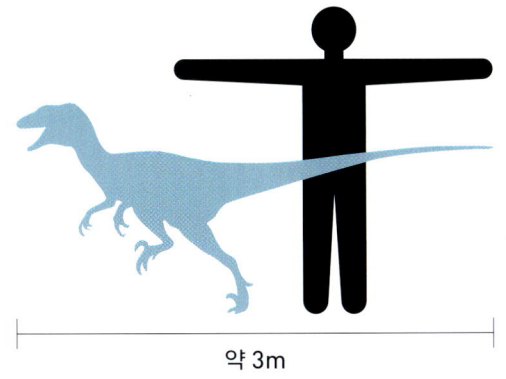

약 3m

데이노니쿠스 기본 정보

학명	*Deinonychus antirrhopus*
분류	용반목 > 수각류 > 드로마에오사우루스과
몸길이	약 3m
몸무게	약 73kg
식성	육식
보행	두 발로 걸음
이름의 의미	무시무시한 발톱
서식 시기	백악기 전기(1억 1500만 년 전~1억 800만 년 전)
발견 장소	미국

꼬리
단단하고 곧게 뻗어 있다. 빠르게 뛰거나 점프할 때 몸의 균형을 잡아 주었고, 몸의 방향을 자유자재로 바꾸기에 좋았다.

뒷다리
길고 튼튼하다. 두 번째 발가락에 있는 갈고리발톱은 매우 크고 날카로워서 먹잇감을 공격하기에 좋았다. 평소에는 발톱이 상하지 않도록 위로 치켜세우고 다녔다.

작고 날쌘 사냥꾼
드로마에오사우루스

몸이 날렵하고 발이 빠른 육식 공룡이다. 드로마에오사우루스는 '달리는 도마뱀'이란 뜻으로, 매우 빨리 달려서 붙은 이름이다. 코와 눈이 발달하고 뒷다리가 길어서 매우 재빠르고 날쌨다. 몸집은 작았지만 뛰어난 사냥 솜씨로 여러 마리가 함께 어울려 사냥했다.

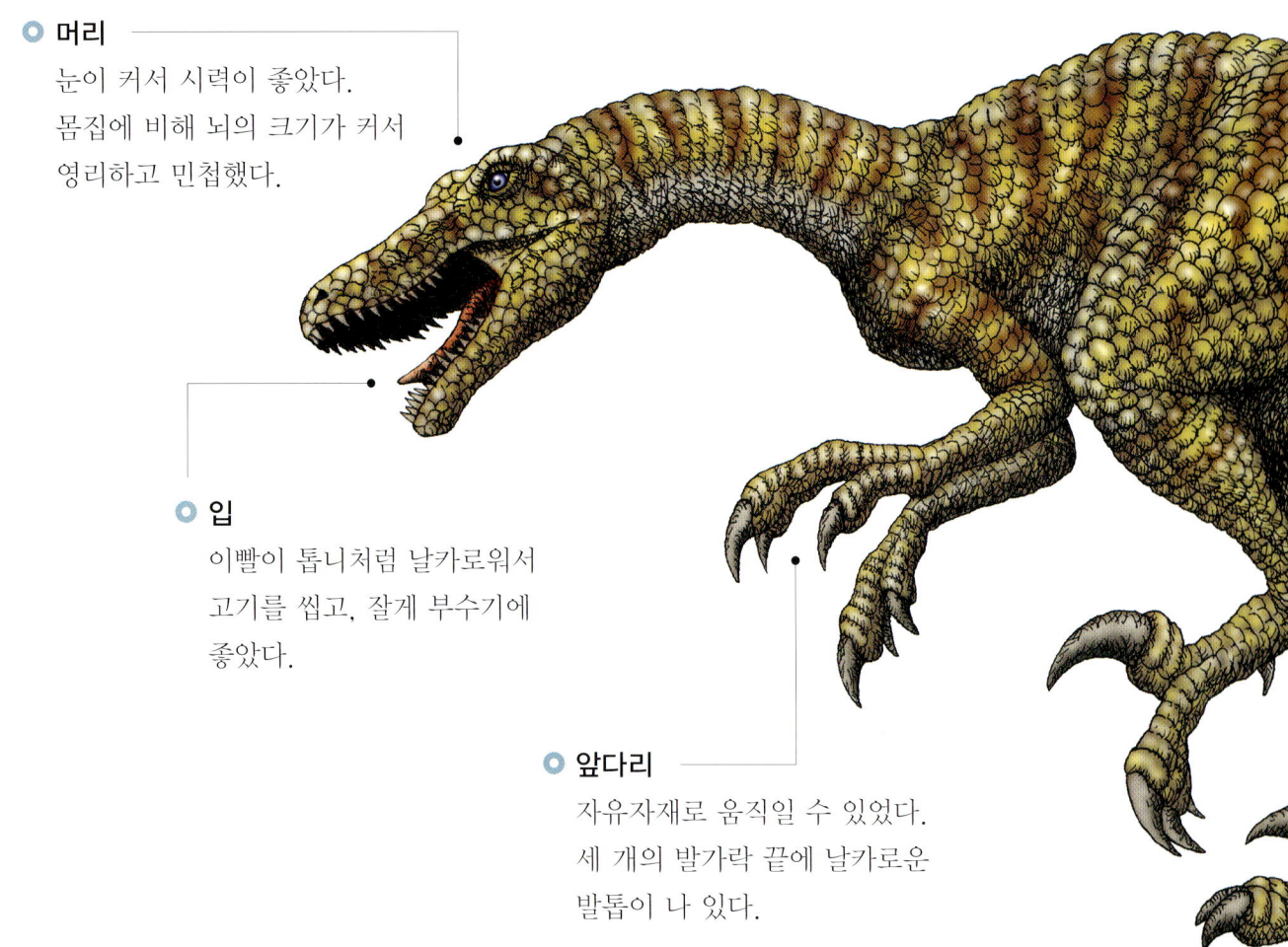

- **머리**
  눈이 커서 시력이 좋았다. 몸집에 비해 뇌의 크기가 커서 영리하고 민첩했다.

- **입**
  이빨이 톱니처럼 날카로워서 고기를 씹고, 잘게 부수기에 좋았다.

- **앞다리**
  자유자재로 움직일 수 있었다. 세 개의 발가락 끝에 날카로운 발톱이 나 있다.

46억 년 전~5억 4200만 년 전	캄브리아기 5억 4200만 년 전~4억 8830만 년 전	오르도비스기 4억 8830만 년 전~4억 4370만 년 전	실루리아기 4억 4370만 년 전~4억 1600만 년 전	데본기 4억 1600만 년 전~3억 5920만 년 전	석탄기 3억 5920만 년 전~2억
선캄브리아기		고생대 5억 4200만 년 전~2억 5100만 년 전			

Dromaeosaurus albertensis

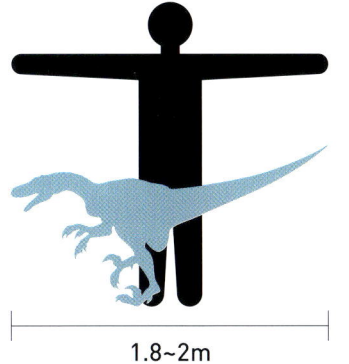

드로마에오사우루스 기본 정보

학명	*Dromaeosaurus albertensis*
분류	용반목 〉 수각류 〉 드로마에오사우루스과
몸길이	1.8~2m
몸무게	15~20kg
식성	육식
보행	두 발로 걸음
이름의 의미	달리는 도마뱀
서식 시기	백악기 후기(9000만 년 전~7200만 년 전)
발견 장소	미국, 캐나다

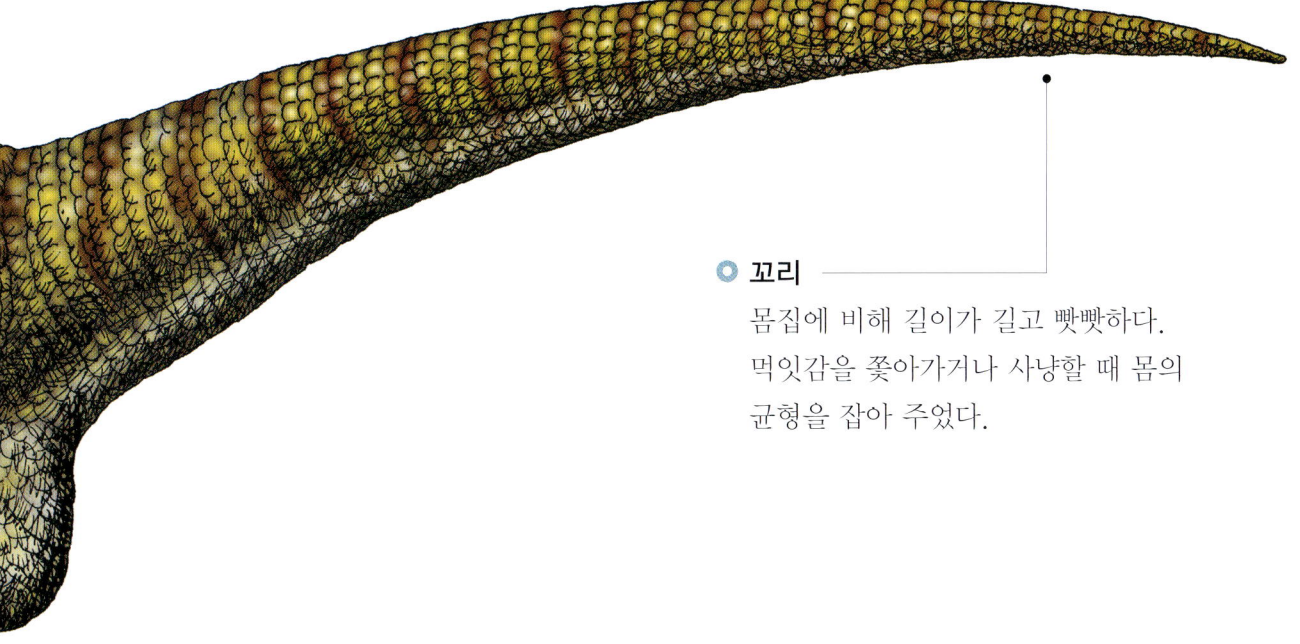

꼬리
몸집에 비해 길이가 길고 빳빳하다.
먹잇감을 쫓아가거나 사냥할 때 몸의
균형을 잡아 주었다.

뒷다리
길이가 길고, 근육이 잘 발달하여 시속 50km
이상의 속력으로 달릴 수 있었을 것으로 추정된다.

뒷발
두 번째 발가락에 10cm가 넘는 갈고리발톱이
있어서 먹잇감을 공격하기에 좋았다.

알뜰살뜰 엄마 공룡
마이아사우라

입이 오리 부리처럼 생긴 초식 공룡이다. 마이아사우라는 '착한 엄마 도마뱀'이란 뜻으로, 알둥지와 새끼 화석이 함께 발견되면서 공룡이 새끼를 돌본다는 사실을 사람들이 처음 알게 되어 붙은 이름이다. 알에서 깨어난 새끼는 35㎝ 정도인데, 1년 안에 3m 정도로 자란다. 마이아사우라는 무리 지어 살면서 새끼가 1m 정도로 자랄 때까지 돌보았다.

머리
길쭉하고 넙적한 형태로, 눈 위쪽에 뼈가 혹처럼 돌출되어 있다. 코는 평평하고 콧구멍은 작았다.

입
오리 부리 모양으로, 폭이 넓어 많은 양의 식물을 한꺼번에 먹기에 좋았다. 입 안쪽에 여러 개의 이빨이 있어서 억세고 질긴 식물도 거뜬하게 씹어 소화시킬 수 있었다.

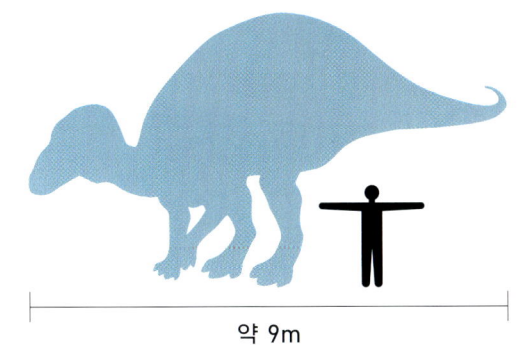

약 9m

마이아사우라 기본 정보

학명	*Maiasaura peeblesorum*
분류	조반목 〉 조각류 〉 하드로사우루스과
몸길이	약 9m
몸무게	약 3t
식성	초식
보행	두 발로 걷거나 네 발로 걸음
이름의 의미	착한 엄마 도마뱀
서식 시기	백악기 후기(8000만 년 전~7400만 년 전)
발견 장소	미국

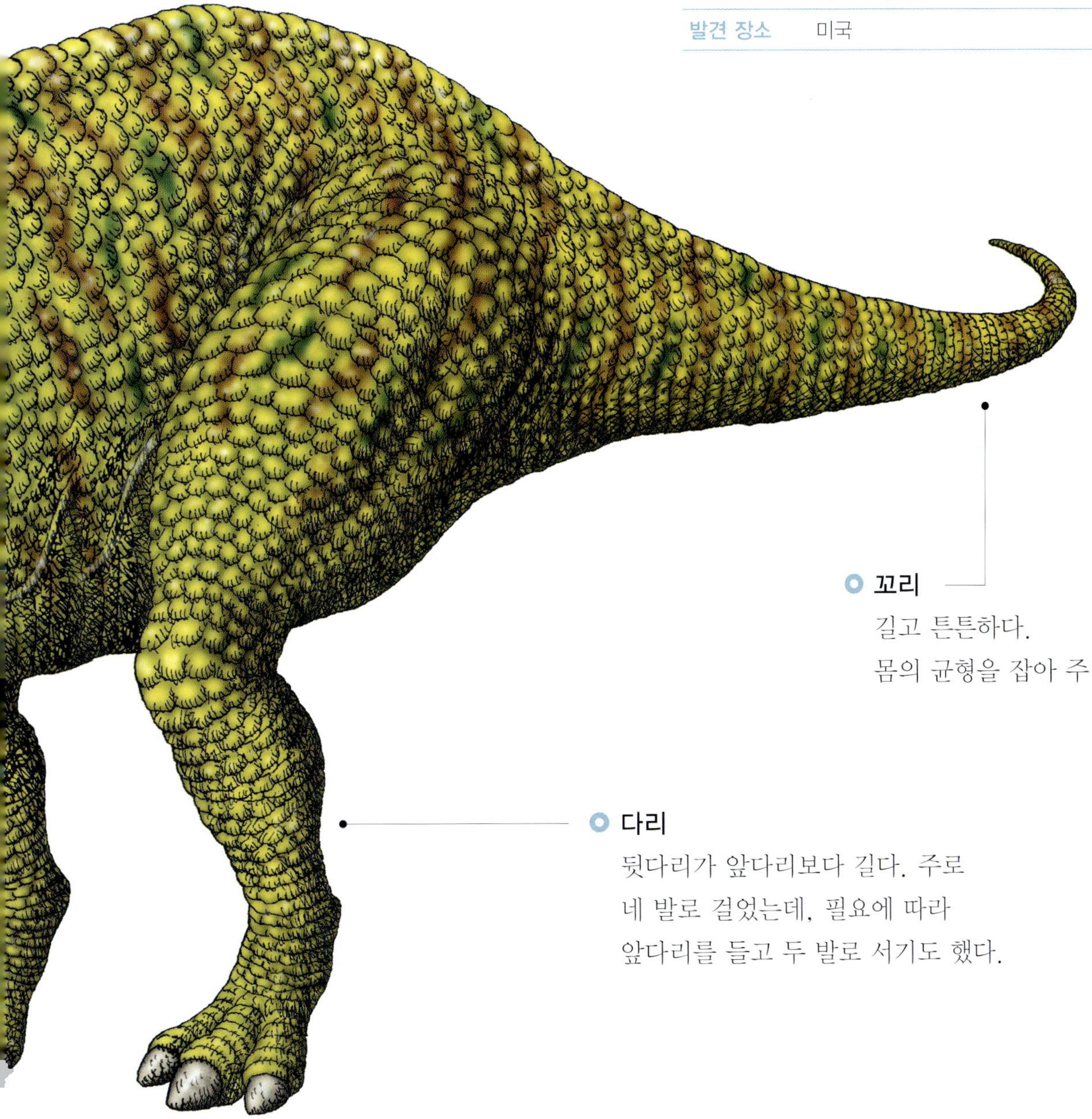

꼬리

길고 튼튼하다.
몸의 균형을 잡아 주었다.

다리

뒷다리가 앞다리보다 길다. 주로
네 발로 걸었는데, 필요에 따라
앞다리를 들고 두 발로 서기도 했다.

페름기 2억 9900만 년 전~2억 5100만 년 전	트라이아스기 2억 5100만 년 전~1억 9960만 년 전	쥐라기 1억 9960만 년 전~1억 4550만 년 전	백악기 1억 4550만 년 전~6550만 년 전	고제3기 6550만 년 전~2303만 년 전	신제3기 2303만 년 전~
	중생대 2억 5100만 년 전~6550만 년 전			신생대 6550만 년~	

꼬마 뿔 공룡
바가케라톱스

머리에 뿔이 있는 작은 초식 공룡이다. 바가케라톱스는 '작은 뿔을 가진 얼굴'이라는 뜻으로, 이름의 뜻처럼 코 앞에 아주 작은 뿔이 있다. 몽골의 고비 사막에서 화석이 발견되었는데, 다른 뿔 달린 공룡들에 비해 몸집이 작고, 꼬리도 짧은 편이다. 사막에 살면서 모래를 파고 그 속에 알을 낳았다.

○ 꼬리
다른 뿔 달린 공룡들보다 짧다.

○ 다리
앞다리와 뒷다리가 모두 튼튼해서 네 발로 걸어 다녔다.

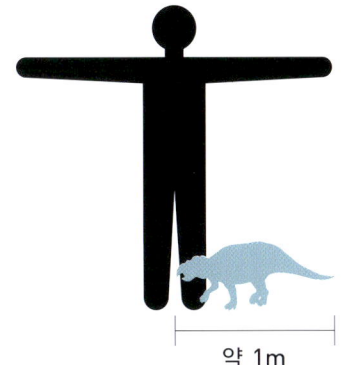

약 1m

바가케라톱스 기본 정보

학명	*Bagaceratops rozhdestvenskyi*
분류	조반목 > 각룡류 > 프로토케라톱스과
몸길이	약 1m
몸무게	약 22kg
식성	초식
보행	네 발로 걸음
이름의 의미	작은 뿔이 달린 얼굴
서식 시기	백악기 후기(약 8000만 년 전)
발견 장소	몽골

목
짧고 굵은 편이다.

머리
머리 뒤쪽에는 삼각형 모양의 작은 프릴이 있고, 코 앞에는 작은 뿔이 있다.

입
새의 부리처럼 날카롭다. 입안에는 이빨이 여러 개 나 있다. 날카로운 부리와 이빨로 나뭇잎을 뜯어 먹었을 것으로 보인다.

| 페름기 2억 9900만 년 전~2억 5100만 년 전 | 트라이아스기 2억 5100만 년 전~1억 9960만 년 전 | 쥐라기 1억 9960만 년 전~1억 4550만 년 전 | 백악기 1억 4550만 년 전~6550만 년 전 | 고제3기 6550만 년 전~2303만 년 전 | 신제3기 2303만 년 전~ |

중생대 2억 5100만 년 전~6550만 년 전   신생대 6550만 년~

무시무시한 작살 발톱
바리오닉스

앞발가락에 커다란 발톱이 있는 몸집이 큰 육식 공룡이다. 1983년에 영국에서 길이가 30㎝에 이르는 발톱 화석이 처음 발견되었다. 그래서 '무거운 발톱'이라는 뜻의 바리오닉스라는 이름이 붙었다. 물고기를 잡아먹으며 살았는데, 앞발에 있는 긴 작살 발톱으로 물고기를 찍듯이 낚아챘을 것으로 보인다.

입
날카로운 이빨이 위턱에 64개, 아래 턱에 32개 나 있다.

머리
악어와 생김새가 비슷하다. 두 눈 사이에 작은 크기의 돌기가 솟아 있다.

앞다리
첫 번째 발가락에 갈고리발톱이 나 있다. 현재까지 30㎝가 넘는 갈고리발톱이 발견되었을 정도로 크기가 크고 강력했다.

Baryonyx walkeri

| 46억 년 전-5억 4200만 년 전 | 캄브리아기 5억 4200만 년 전-4억 8830만 년 전 | 오르도비스기 4억 8830만 년 전-4억 4370만 년 전 | 실루리아기 4억 4370만 년 전-4억 1600만 년 전 | 데본기 4억 1600만 년 전-3억 5920만 년 전 | 석탄기 3억 5920만 년 전-2억 9|
| 선캄브리아기 | 고생대 5억 4200만 년 전~2억 5100만 년 전 |

8~10m

바리오닉스 기본 정보

학명	*Baryonyx walkeri*
분류	용반목 〉 수각류 〉 스피노사우루스과
몸길이	8~10m
몸무게	약 3t
식성	육식
보행	두 발로 걸음
이름의 의미	무거운 발톱
서식 시기	백악기 전기(1억 3000만 년 전~1억 2500만 년 전)
발견 장소	영국, 스페인

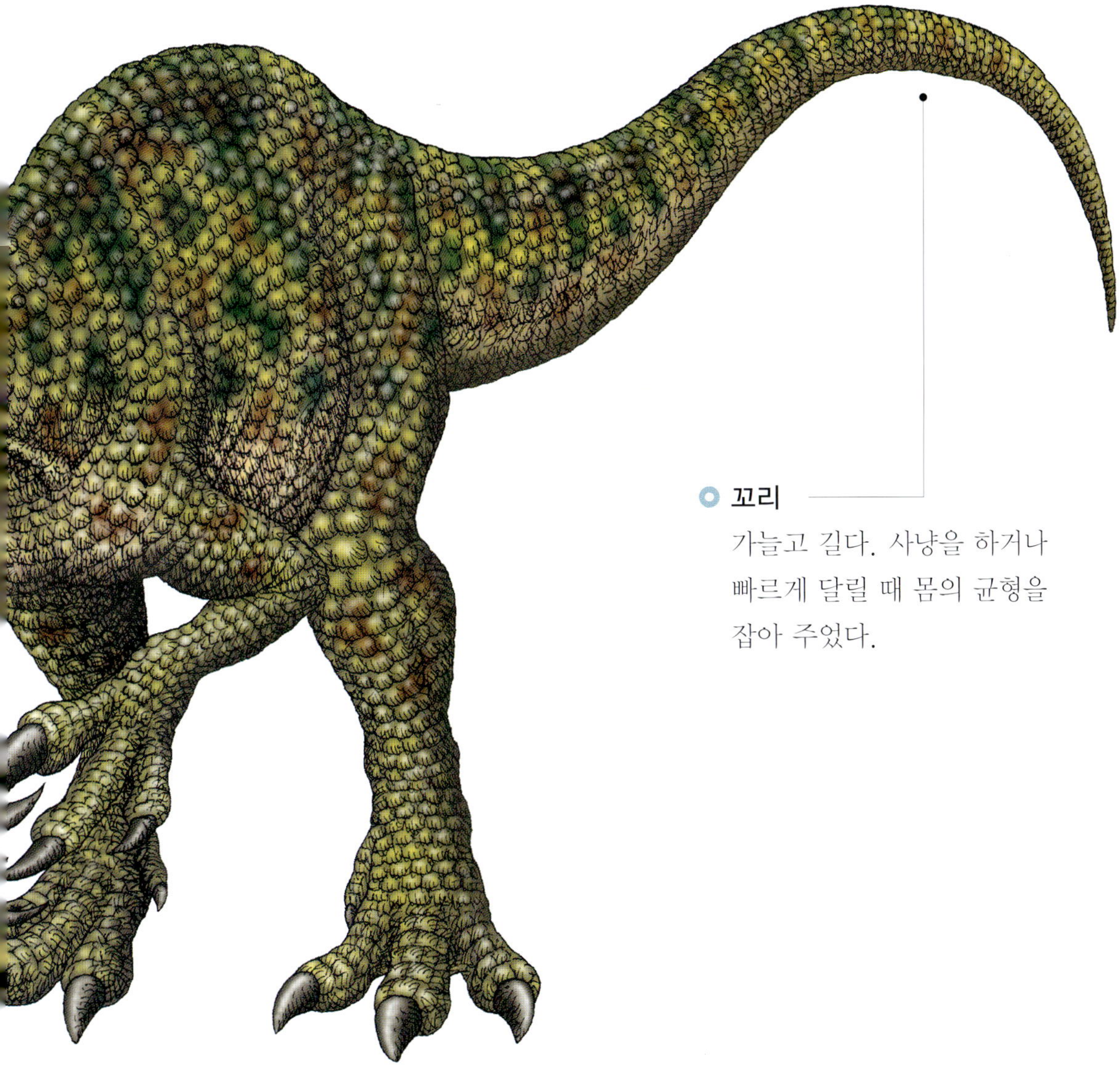

꼬리

가늘고 길다. 사냥을 하거나 빠르게 달릴 때 몸의 균형을 잡아 주었다.

부푸는 볏을 가진
사우롤로푸스

머리에 위로 치솟은 볏이 있는 초식 공룡이다. 캐나다와 몽골에서 화석이 많이 발견되었다. 사우롤로푸스의 볏은 콧구멍과 연결되어 있는데, 아마도 코로 들이마신 숨으로 볏을 크게 부풀려 소리를 내거나, 짝을 찾을 때 썼을 것으로 추측하고 있다. 그렇지만 아직 볏의 정확한 쓰임새를 알 수 있게 해 주는 화석은 발견되지 않았다.

○ 입
오리 부리처럼 생겼다. 입안에 수백 개의 이빨이 빨래판처럼 모여 있어서 식물을 잘게 부수기에 좋았다.

Saurolophus osborni

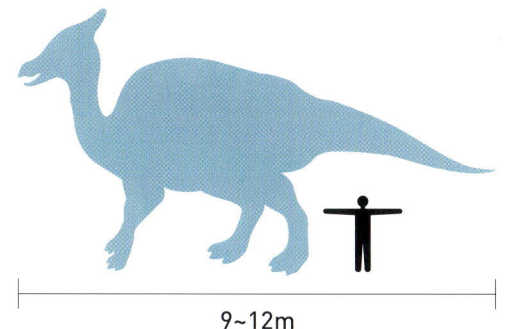

9~12m

사우롤로푸스 기본 정보

학명	*Saurolophus osborni*
분류	조반목 > 조각류 > 하드로사우루스과
몸길이	9~12m
몸무게	2~4t
식성	초식
보행	두 발로 걷거나 네 발로 걸음
이름의 의미	볏이 있는 도마뱀
서식 시기	백악기 후기(7200만 년 전~6800만 년 전)
발견 장소	몽골, 중국, 캐나다

볏
콧구멍과 연결되어 있는 볏의 끝부분은 위로 치솟아 있다.

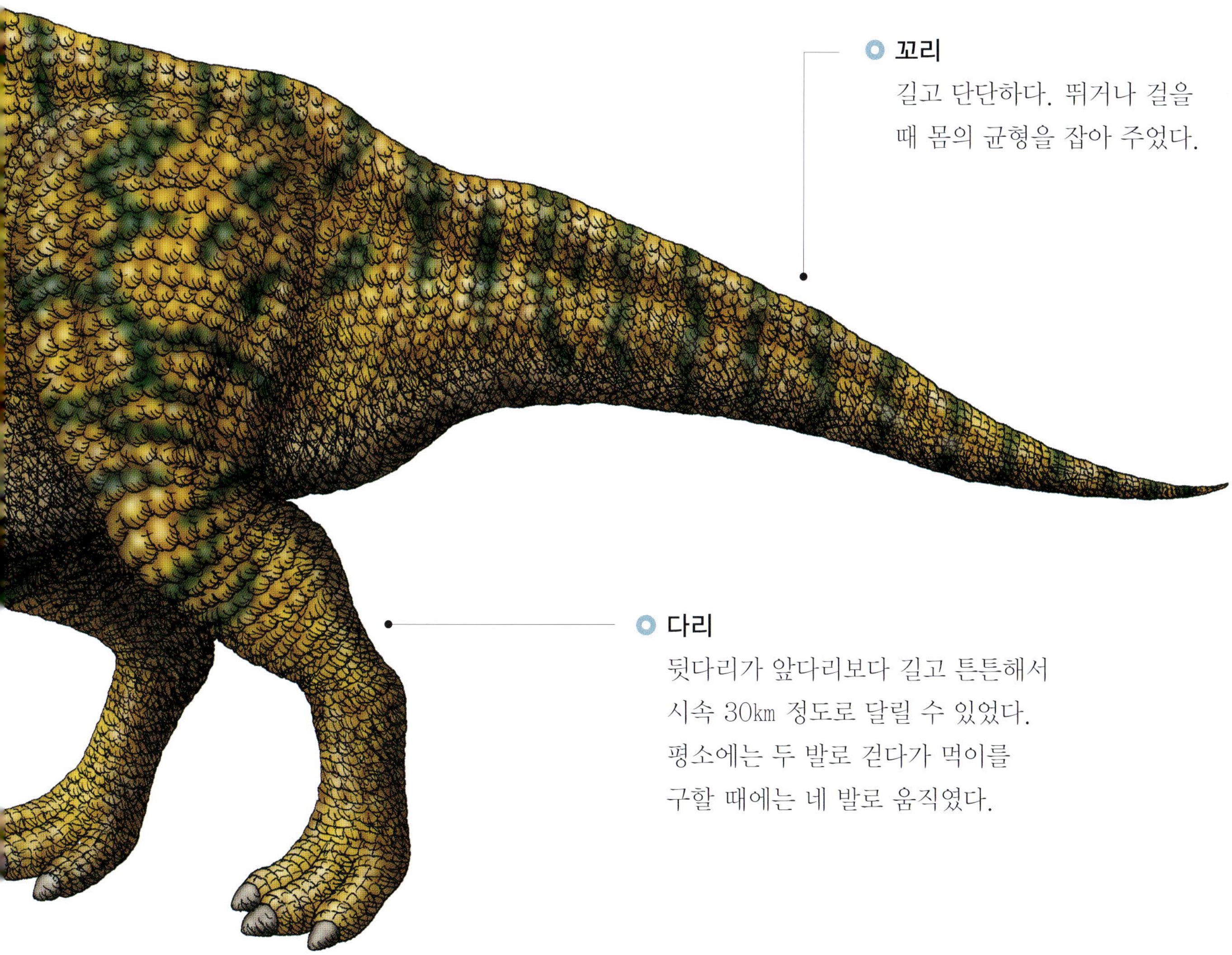

꼬리
길고 단단하다. 뛰거나 걸을 때 몸의 균형을 잡아 주었다.

다리
뒷다리가 앞다리보다 길고 튼튼해서 시속 30㎞ 정도로 달릴 수 있었다. 평소에는 두 발로 걷다가 먹이를 구할 때에는 네 발로 움직였다.

거대한 몸집
산퉁고사우루스

아시아에 살았던 몸집이 매우 큰 초식 공룡이다. 1964년에 중국 산둥에서 뼈 화석이 발견되어서 '산둥의 도마뱀'이라는 뜻의 산퉁고사우루스란 이름이 붙었다. 입이 오리 부리처럼 생긴 공룡 중에서 몸집이 가장 크다. 행동이 느리고 육식 공룡의 공격을 막을 무기가 없어서 무리를 지어 생활했다.

○ 머리
길쭉하고 납작하다. 볼이 발달하여 먹이를 먹을 때 흘리지 않고 잘 먹을 수 있었다.

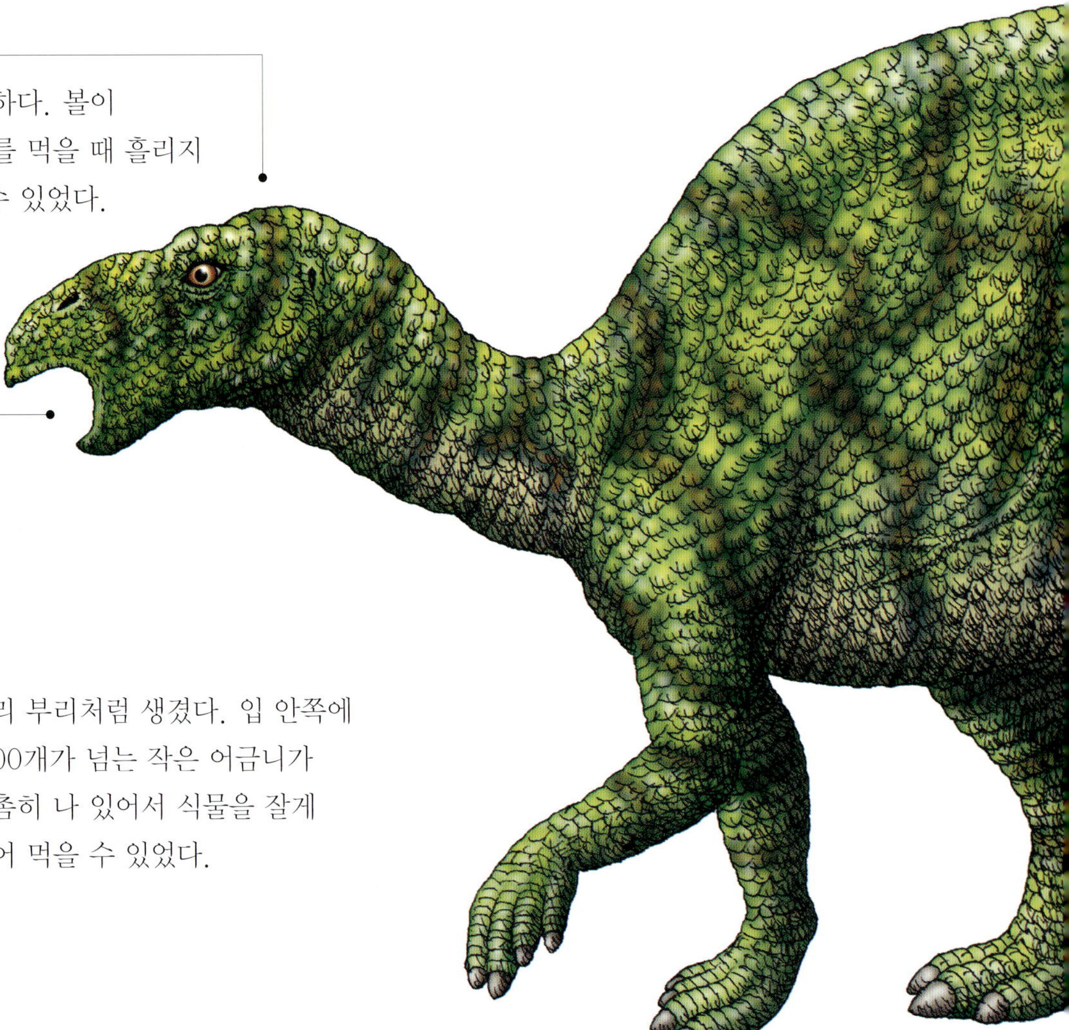

○ 입
오리 부리처럼 생겼다. 입 안쪽에 1500개가 넘는 작은 어금니가 촘촘히 나 있어서 식물을 잘게 씹어 먹을 수 있었다.

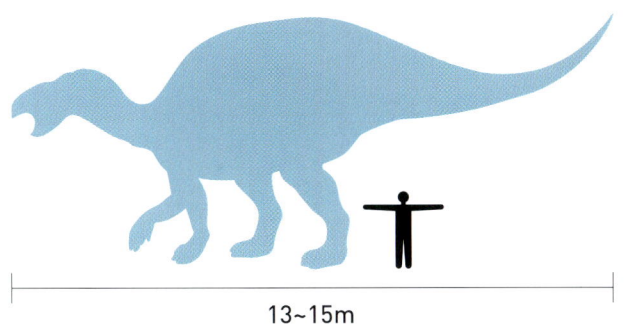

산퉁고사우루스 기본 정보

학명	*Shantungosaurus giganteus*
분류	조반목 〉 조각류 〉 하드로사우루스과
몸길이	13~15m
몸무게	10~16t
식성	초식
보행	두 발로 걷거나 네 발로 걸음
이름의 의미	산둥의 도마뱀
서식 시기	백악기 후기(약 7000만 년 전)
발견 장소	중국

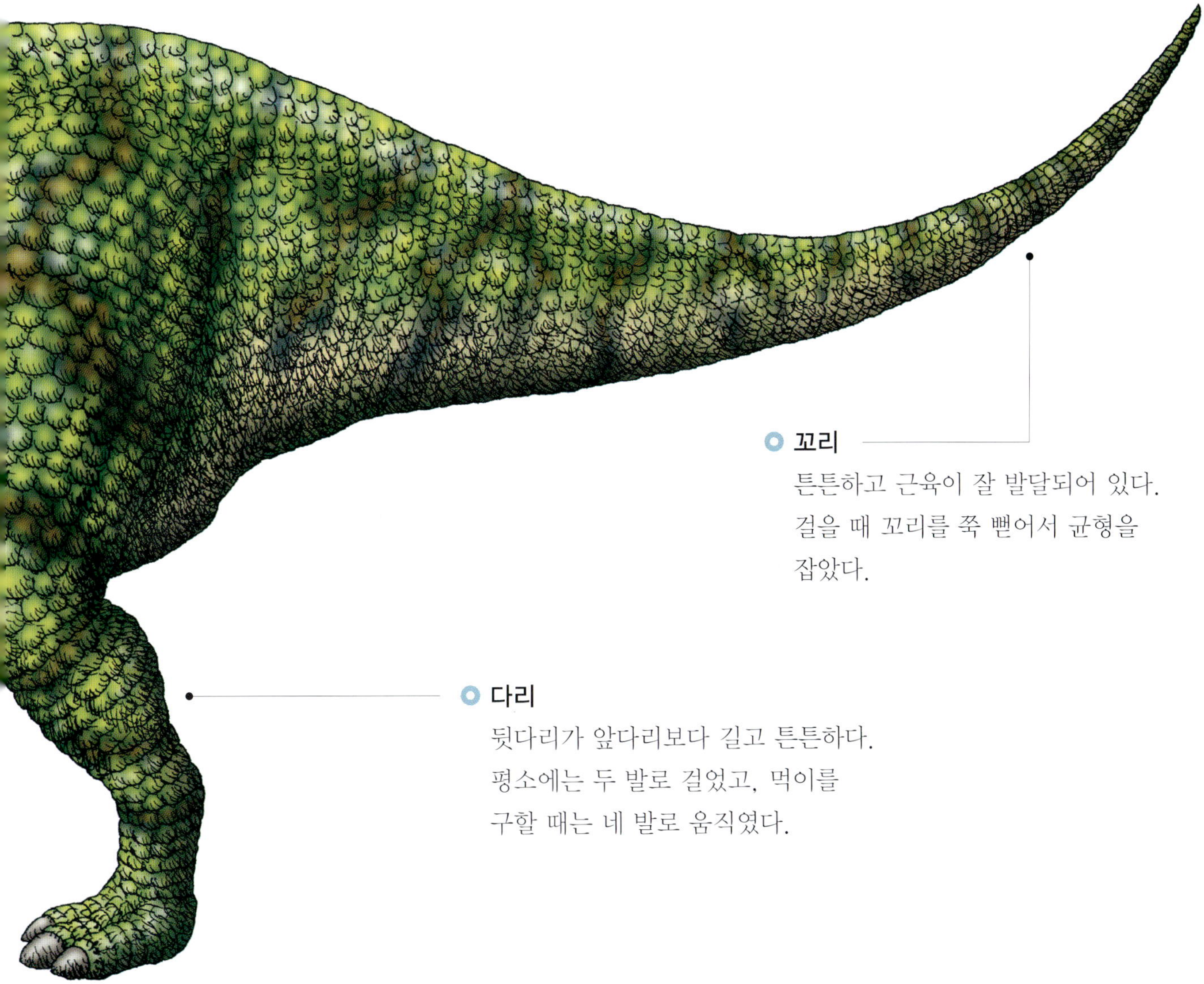

꼬리

튼튼하고 근육이 잘 발달되어 있다. 걸을 때 꼬리를 쭉 뻗어서 균형을 잡았다.

다리

뒷다리가 앞다리보다 길고 튼튼하다. 평소에는 두 발로 걸었고, 먹이를 구할 때는 네 발로 움직였다.

름기 2억 9900만 년 전~2억 5100만 년 전	트라이아스기 2억 5100만 년 전~1억 9960만 년 전	쥐라기 1억 9960만 년 전~1억 4550만 년 전	백악기 1억 4550만 년 전~6550만 년 전	고제3기 6550만 년 전~2303만 년 전	신제3기 2303만 년 전~
	중생대 2억 5100만 년 전~6550만 년 전			신생대 6550만 년~	

041

공룡계의 코뿔소
센트로사우루스

코뿔소처럼 코 위에 뿔이 솟아 있는 초식 공룡이다. 캐나다 앨버타에서 아주 많은 화석이 발견되었다. 아마도 자연재해 때문에 한꺼번에 땅에 묻힌 것으로 보인다. 프릴과 뿔 때문에 머리가 무거웠지만 목이 유연해서 고개를 자유롭게 움직일 수 있었다.

뿔
코 위에 코뿔소처럼 큰 뿔이 앞쪽을 향해 나 있다. 눈 위에는 한 쌍의 작은 뿔이 나 있다.

입
새의 부리처럼 날카롭다. 끝이 뾰족하여 열매를 쪼아 먹기에 좋았다.

Centrosaurus apertus

선캄브리아기	캄브리아기	오르도비스기	실루리아기	데본기	석탄기
46억 년 전~5억 4200만 년 전	5억 4200만 년 전~4억 8830만 년 전	4억 8830만 년 전~4억 4370만 년 전	4억 4370만 년 전~4억 1600만 년 전	4억 1600만 년 전~3억 5920만 년 전	3억 5920만 년 전~2억 99

고생대 5억 4200만 년 전~2억 5100만 년 전

머리

크고 무겁다. 머리 뒤쪽에는 큰 프릴이 있고, 프릴 주변에는 가시가 나 있다. 프릴은 뼈로 이루어져 있지만 뼈 가운데 커다란 구멍이 뚫려 있어서 단단하지 않았다.

약 6m

센트로사우루스 기본 정보

학명	*Centrosaurus apertus*
분류	조반목 〉각룡류 〉케라톱스과
몸길이	약 6m
몸무게	약 2t
식성	초식
보행	네 발로 걸음
이름의 의미	가운데 도마뱀
서식 시기	백악기 후기(8500만 년 전~7200만 년 전)
발견 장소	캐나다

다리

무거운 몸을 잘 지탱할 수 있도록 굵고 튼튼하다. 발가락은 짧지만 부채처럼 펼쳐져서 몸무게를 분산시킬 수 있었다.

가시 달린 프릴
스티라코사우루스

프릴 가장자리에 길고 짧은 여러 개의 가시가 난 초식 공룡이다. 눈 주변과 코 위에는 뿔이 있는데, 코 위에 난 뿔이 더 길고 단단하다. 프릴의 가장자리에 난 뾰족한 가시들은 얼굴을 크게 보이게 해서 육식 공룡들이 함부로 공격하지 못했다. 또 짝짓기를 할 때 다른 수컷을 위협하여 쫓아내는 데에도 사용했을 것으로 추정된다.

○ 코
콧구멍이 크고 깊다. 코 위에는 커다란 뿔이 나 있는데, 육식 공룡의 다리를 뚫을 수 있을 만큼 강력했다.

○ 입
새의 부리처럼 단단하고 날카롭다. 입으로 식물을 자른 뒤 입 안쪽에 있는 이빨로 갈아 먹었다.

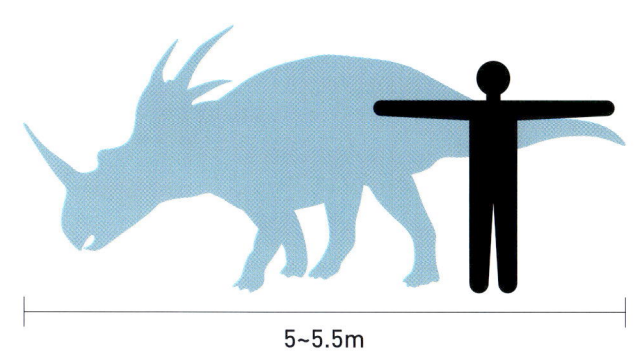

5~5.5m

◉ 스티라코사우루스 기본 정보

학명	*Styracosaurus albertensis*
분류	조반목 〉 각룡류 〉 케라톱스과
몸길이	5~5.5m
몸무게	2~3t
식성	초식
보행	네 발로 걸음
이름의 의미	긴 가시가 있는 도마뱀
서식 시기	백악기 후기(7400만 년 전~6500만 년 전)
발견 장소	미국, 캐나다

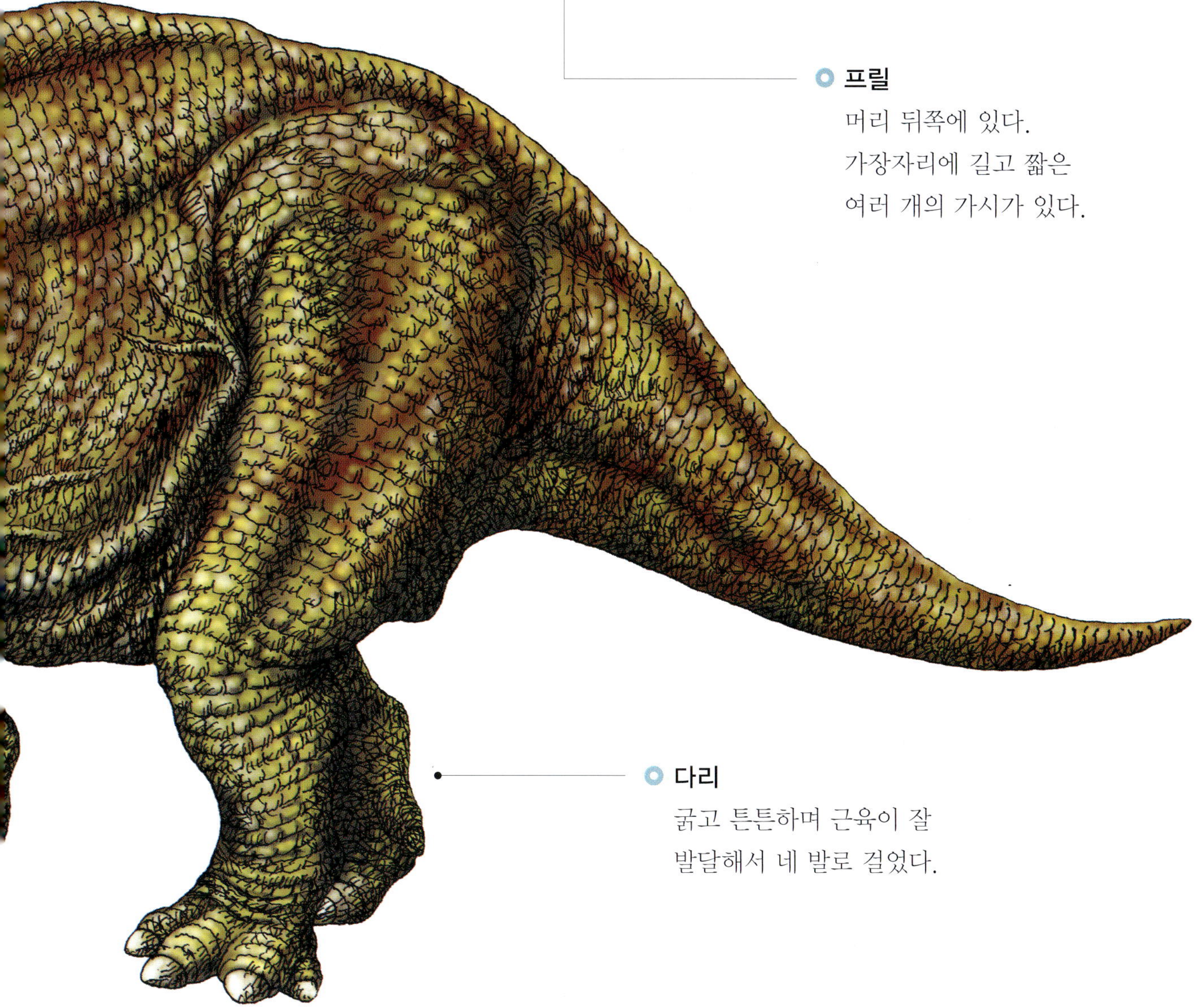

◉ 프릴
머리 뒤쪽에 있다. 가장자리에 길고 짧은 여러 개의 가시가 있다.

◉ 다리
굵고 튼튼하며 근육이 잘 발달해서 네 발로 걸었다.

돛으로 체온을 조절하는
스피노사우루스

등에 커다란 돛이 솟아 있는 거대한 육식 공룡이다. 돛 안에는 수많은 혈관이 있었는데, 체온을 조절하거나 몸의 색깔을 다양하게 바꾸는 데 쓰였을 것으로 보인다. 물가나 늪 주변에 살면서 물고기나 작은 동물들을 잡아먹으며 생활했다.

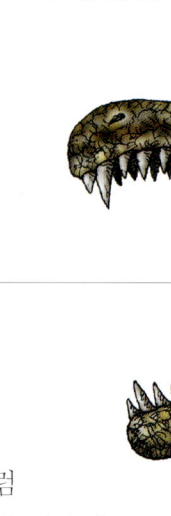

○ **입**
입안에 송곳처럼 날카롭고 뾰족한 이빨이 여러 개 나 있다.

○ **머리**
악어처럼 길쭉하다. 몸집에 비해 뇌의 크기가 커서 지능이 꽤 높았을 것으로 보인다.

○ **앞다리**
다른 육식 공룡들에 비해 앞다리의 길이가 길다.

Spinosaurus aegyptiacus

선캄브리아기	캄브리아기	오르도비스기	실루리아기	데본기	석탄기
46억 년 전~5억 4200만 년 전	5억 4200만 년 전~4억 8830만 년 전	4억 8830만 년 전~4억 4370만 년 전	4억 4370만 년 전~4억 1600만 년 전	4억 1600만 년 전~3억 5920만 년 전	3억 5920만 년 전~2억 99…

고생대 5억 4200만 년 전~2억 5100만 년 전

12~18m

🔵 스피노사우루스 기본 정보

학명	*Spinosaurus aegyptiacus*
분류	용반목 > 수각류 > 스피노사우루스과
몸길이	12~18m
몸무게	7~9t
식성	육식
보행	두 발로 걸음
이름의 의미	돛 도마뱀
서식 시기	백악기 중기(1억 1200만 년 전~9500만 년 전)
발견 장소	이집트, 모로코, 튀니지

🔵 등
척추 돌기가 높이 솟아올라 만들어진 2m 정도의 커다란 돛이 있다.

🔵 뒷다리
길쭉하고 튼튼해서 매우 빠른 속도로 달릴 수 있었다.

최초의 깃털 공룡
시노사우롭테릭스

몸이 짧은 깃털로 덮여 있는 육식 공룡이다. 1996년 중국의 채석장에서 처음 화석이 발굴되었는데, 시노사우롭테릭스의 배 부분에서 도마뱀 화석이 함께 발견되었다. 이를 통해 시노사우롭테릭스가 뾰족한 이빨로 도마뱀 같은 작은 동물이나 곤충을 잡아먹었던 것으로 추정하고 있다.

머리에서부터 꼬리 끝까지 깃털이 나 있고, 꼬리는 몸길이의 반 이상을 차지할 정도로 길다.

몸
약 2㎜ 정도의 짧은 깃털이 온몸을 덮고 있다. 원시적인 깃털로, 체온을 유지하기 위한 깃털이었을 것으로 추정된다.

앞다리
길이가 짧고 작다. 세 개의 발가락에는 날카로운 발톱이 나 있다.

46억 년 전-5억 4200만 년 전	캄브리아기 5억 4200만 년 전-4억 8830만 년 전	오르도비스기 4억 8830만 년 전-4억 4370만 년 전	실루리아기 4억 4370만 년 전-4억 1600만 년 전	데본기 4억 1600만 년 전-3억 5920만 년 전	석탄기 3억 5920만 년 전-2억 990...
선캄브리아기	고생대 5억 4200만 년 전-2억 5100만 년 전					

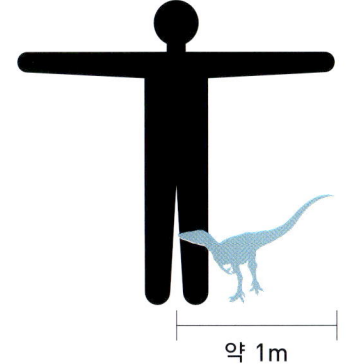

약 1m

시노사우롭테릭스 기본 정보

학명	*Sinosauropteryx prima*
분류	용반목 〉 수각류 〉 콤프소그나투스과
몸길이	약 1m
몸무게	약 0.5kg
식성	육식
보행	두발로 걸음
이름의 의미	중국의 도마뱀 날개
서식 시기	백악기 전기(1억 3000만 년 전~1억 2500만 년 전)
발견 장소	중국

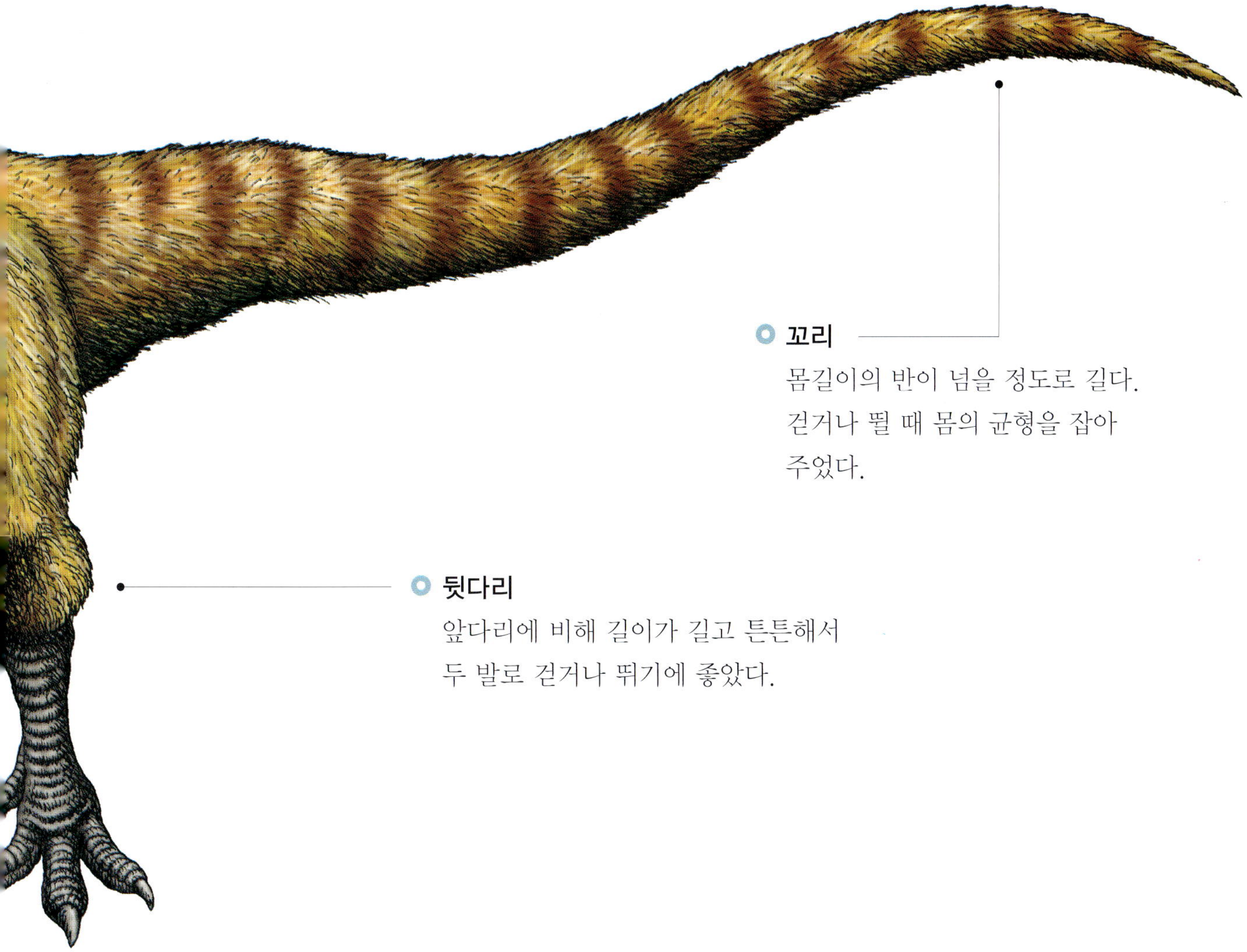

꼬리
몸길이의 반이 넘을 정도로 길다.
걷거나 뛸 때 몸의 균형을 잡아
주었다.

뒷다리
앞다리에 비해 길이가 길고 튼튼해서
두 발로 걷거나 뛰기에 좋았다.

볏 없는 오리 주둥이 공룡
에드몬토사우루스

입이 오리 부리처럼 생긴 몸집이 큰 초식 공룡이다. 오리 주둥이 공룡 중에서 가장 몸집이 큰 공룡으로 손꼽히지만 볏이 없는 것이 특징이다. 입안에는 수십 여개의 이빨이 있는데, 이빨이 빠지면 같은 자리에 새로운 이빨이 났다. 성격은 온순하며 물이 있는 곳 주변에서 무리를 지어 살았다.

○ **머리**
길쭉하고 넙적하다. 콧구멍 주변의 피부를 풍선처럼 부풀릴 수 있었는데, 독특한 소리를 낼 때 사용했을 것으로 보인다.

○ **입**
볼 주변의 근육이 잘 발달되어 있어 많은 양의 식물을 씹기에 좋았다.

46억 년 전~5억 4200만 년 전	캄브리아기 5억 4200만 년 전~4억 8830만 년 전	오르도비스기 4억 8830만 년 전~4억 4370만 년 전	실루리아기 4억 4370만 년 전~4억 1600만 년 전	데본기 4억 1600만 년 전~3억 5920만 년 전	석탄기 3억 5920만 년 전~2억 99
선캄브리아기	고생대 5억 4200만 년 전~2억 5100만 년 전				

9~13m

⊙ 에드몬토사우루스 기본 정보

학명	*Edmontosaurus regalis*
분류	조반목 〉 조각류 〉 하드로사우루스과
몸길이	9~13m
몸무게	3~4t
식성	초식
보행	두 발로 걷거나 네 발로 걸음
이름의 의미	에드먼턴(캐나다의 지명)의 도마뱀
서식 시기	백악기 후기(7500만 년 전~6500만 년 전)
발견 장소	미국, 캐나다

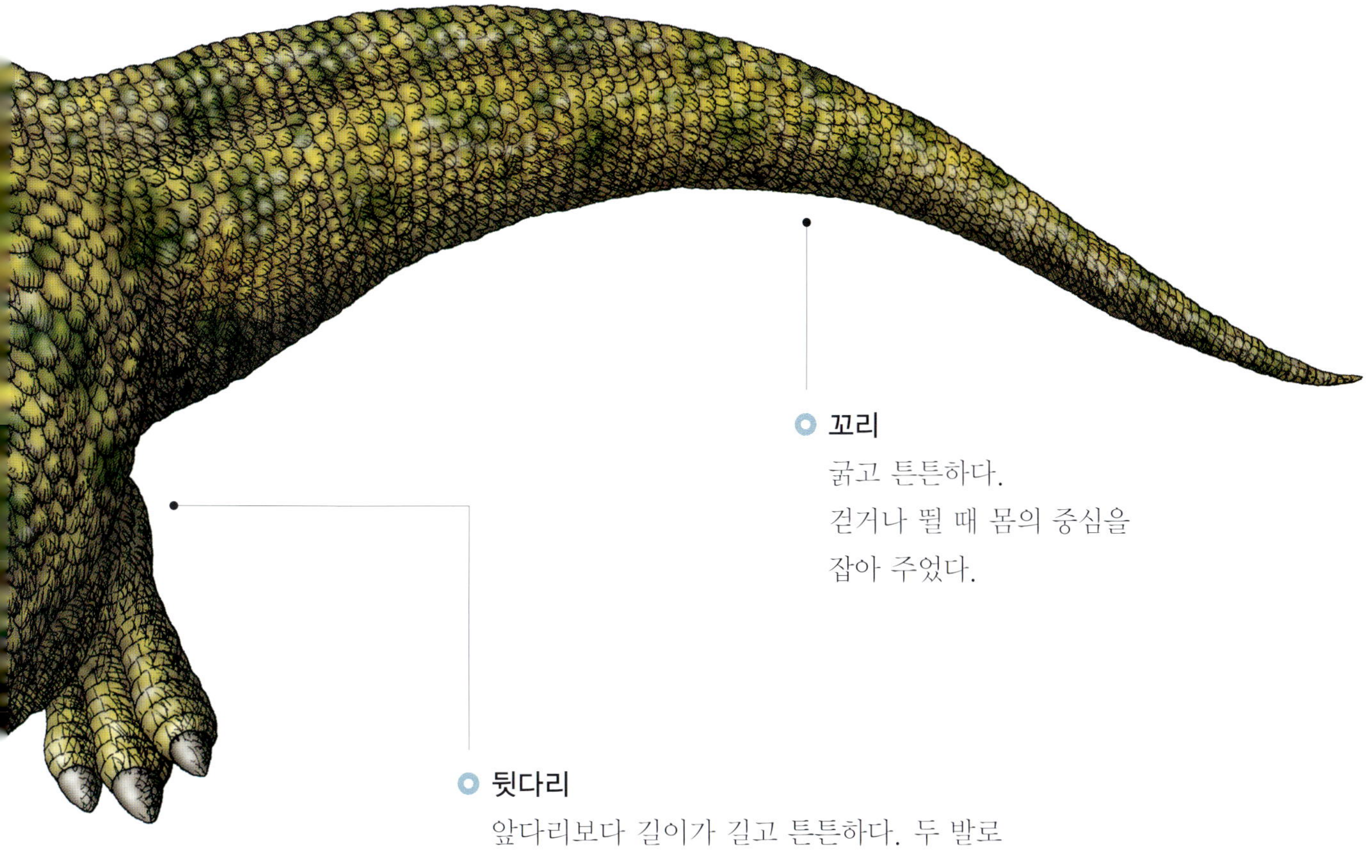

⊙ 꼬리
굵고 튼튼하다.
걷거나 뛸 때 몸의 중심을
잡아 주었다.

⊙ 뒷다리
앞다리보다 길이가 길고 튼튼하다. 두 발로
걷거나 두 발로 서서 높은 곳의 나뭇잎을 뜯어
먹을 수는 있었지만 뛸 수는 없었다.

공룡계의 탱크
에우오플로케팔루스

갑옷과 꼬리 곤봉으로 온몸을 무장한 초식 공룡이다. 꼬리 곤봉이 있는 공룡 중에서 몸집이 큰 편으로, 크기가 코뿔소의 2배 정도이다. 티라노사우루스 같은 육식 공룡의 공격을 받으면 우선 땅에 납작 엎드려 공격을 피하고, 기회를 틈타 꼬리 곤봉을 휘둘러 육식 공룡의 다리를 부러뜨렸다.

○ 머리
딱딱한 갑옷으로 둘러싸여 있다. 뿔처럼 생긴 네 개의 돌기가 솟아 있다.

○ 눈
눈꺼풀이 단단한 피부로 덮여 있어 육식 공룡의 발톱으로부터 눈동자를 보호할 수 있었다.

46억 년 전-5억 4200만 년 전	캄브리아기 5억 4200만 년 전~4억 8830만 년 전	오르도비스기 4억 8830만 년 전~4억 4370만 년 전	실루리아기 4억 4370만 년 전~4억 1600만 년 전	데본기 4억 1600만 년 전~3억 5920만 년 전	석탄기 3억 5920만 년 전~
선캄브리아기	고생대 5억 4200만 년 전~2억 5100만 년 전				

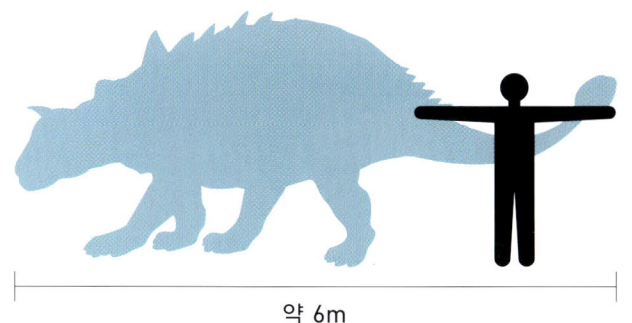

약 6m

에우오플로케팔루스 기본 정보

학명	*Euoplocephalus tutus*
분류	조반목 〉 곡룡류 〉 안킬로사우루스과
몸길이	약 6m
몸무게	약 2.2t
식성	초식
보행	네 발로 걸음
이름의 의미	무장한 머리
서식 시기	백악기 후기(7000만 년 전~6500만 년 전)
발견 장소	미국, 캐나다

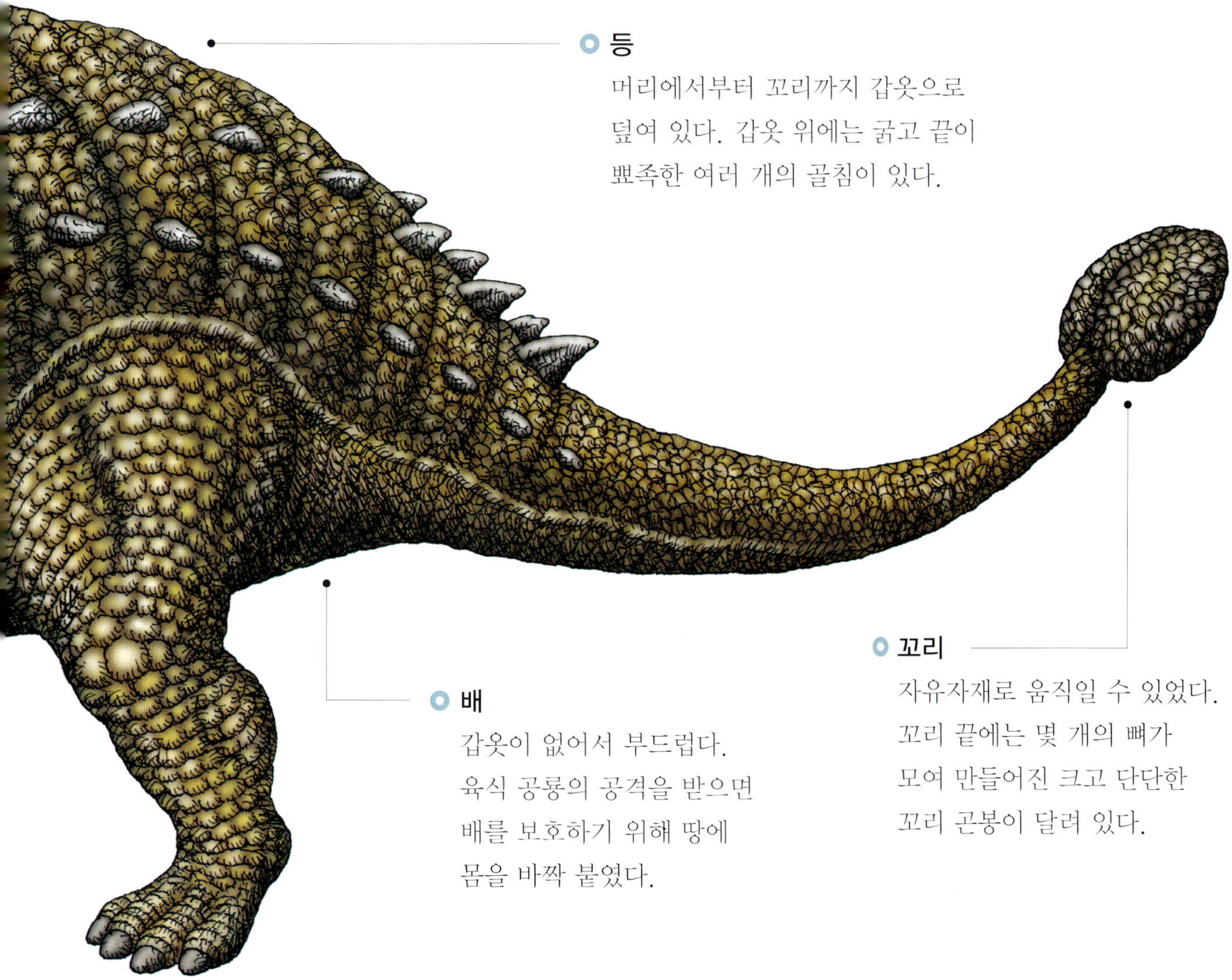

등

머리에서부터 꼬리까지 갑옷으로 덮여 있다. 갑옷 위에는 굵고 끝이 뾰족한 여러 개의 골침이 있다.

꼬리

자유자재로 움직일 수 있었다. 꼬리 끝에는 몇 개의 뼈가 모여 만들어진 크고 단단한 꼬리 곤봉이 달려 있다.

배

갑옷이 없어서 부드럽다. 육식 공룡의 공격을 받으면 배를 보호하기 위해 땅에 몸을 바짝 붙였다.

름기 2억 9900만 년 전~2억 5100만 년 전	트라이아스기 2억 5100만 년 전~1억 9960만 년 전	쥐라기 1억 9960만 년 전~1억 4550만 년 전	백악기 1억 4550만 년 전~6550만 년 전	고제3기 6550만 년 전~2303만 년 전	신제3기 2303만 년 전~
	중생대 2억 5100만 년 전~6550만 년 전			신생대 6550만 년~	

이름이 바뀐 에우헬로푸스

앞다리가 뒷다리보다 긴 거대한 초식 공룡이다. 1929년 중국에서 머리뼈와 목뼈 등이 발견되었다. 원래 이름은 '습지의 발'이라는 뜻의 헬로푸스였는데, 같은 이름을 가진 새가 있다는 것이 밝혀져 1956년에 '확실한 습지의 발'이라는 뜻의 에우헬로푸스로 이름이 바뀌었다. 목과 꼬리가 길고, 몸통은 크고 넓적하다.

몸통
앞다리가 뒷다리보다 길어서 어깨부터 허리까지 비탈진 모양을 하고 있다.

꼬리
굵고 단단하다. 꼬리를 좌우로 세게 움직여 육식 공룡의 공격을 막았다.

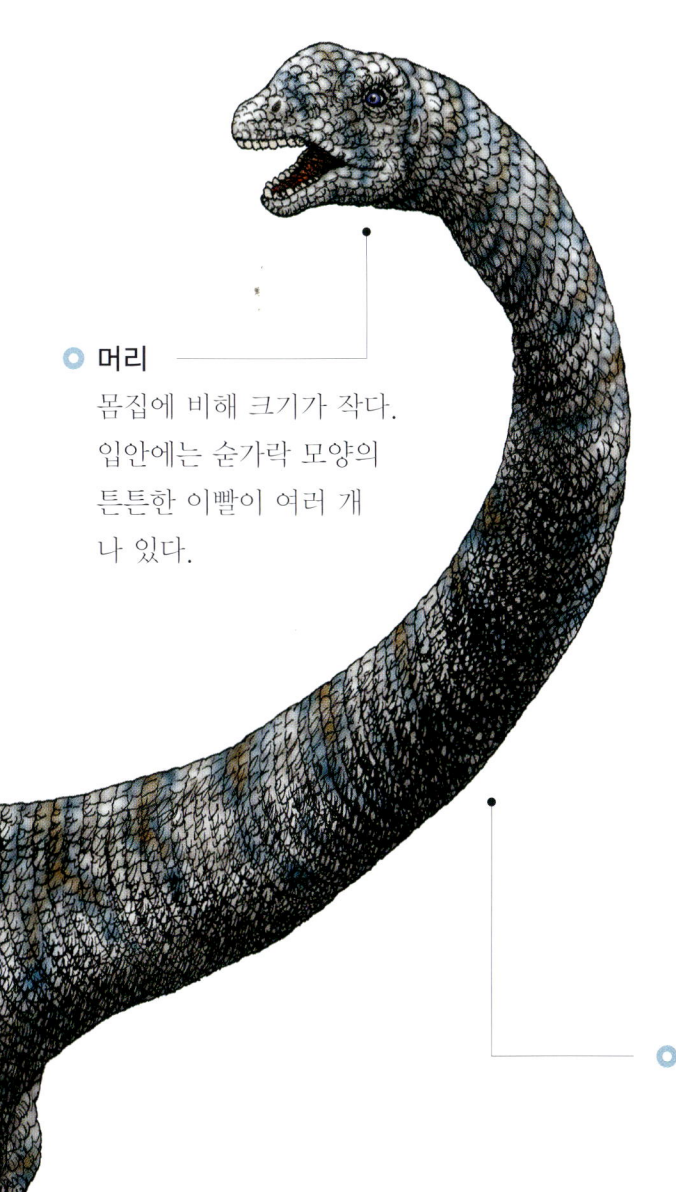

10~15m

머리
몸집에 비해 크기가 작다.
입안에는 숟가락 모양의
튼튼한 이빨이 여러 개
나 있다.

에우헬로푸스 기본 정보

학명	*Euhelopus zdanskyi*
분류	용반목 〉 용각류 〉 에우헬로푸스과
몸길이	10~15m
몸무게	20~24t
식성	초식
보행	네 발로 걸음
이름의 의미	확실한 습지의 발
서식 시기	백악기 전기(1억 3000만 년 전~1억 1200만 년 전)
발견 장소	중국

목
17개의 목뼈로 이루어져
있으며, 길이가 매우 길다.

앞다리
대부분의 초식 공룡은 뒷다리가
앞다리보다 길지만 에우헬로푸스는
앞다리가 뒷다리보다 길다.

누명 쓴 공룡
오비랍토르

'알 도둑'이라는 뜻의 이름을 가진, 작고 가벼운 잡식 공룡이다. 1923년에 몽골의 고비 사막에서 오비랍토르가 프로토케라톱스의 알을 훔치고 있는 모습의 화석이 발견되어 붙은 이름이다. 그러나 1992년에 둥지에서 알을 품고 있는 모습의 오비랍토르 화석이 발견되면서 모성애가 강한 공룡이라는 사실이 밝혀졌다.

○ 볏
크고 둥글다. 내부에는 스펀지처럼 생긴 얇은 뼈 막이 있어 몸속으로 들어오는 공기를 따뜻하게 하거나 습도를 유지할 수 있었다.

○ 입
새의 부리처럼 길쭉하다. 이빨이 없는 대신 강한 턱의 힘을 이용해서 딱딱한 먹이를 먹었다. 아래턱에 하트 모양의 커다란 구멍이 있다.

○ 앞다리
가늘고 길다. 기다란 세 개의 발가락에 날카로운 발톱이 나 있어 먹잇감을 움켜쥐거나 잡아챌 수 있었다.

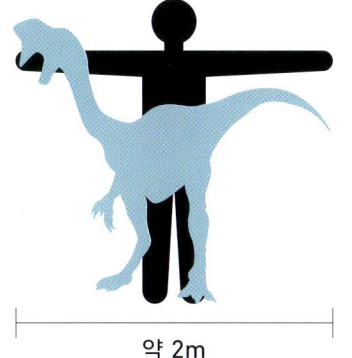

약 2m

오비랍토르 기본 정보

학명	*Oviraptor philoceratops*
분류	용반목 〉 수각류 〉 오비랍토르과
몸길이	약 2m
몸무게	60~100kg
식성	잡식
보행	두 발로 걸음
이름의 의미	알 도둑
서식 시기	백악기 후기(8800만 년 전~7000만 년 전)
발견 장소	몽골

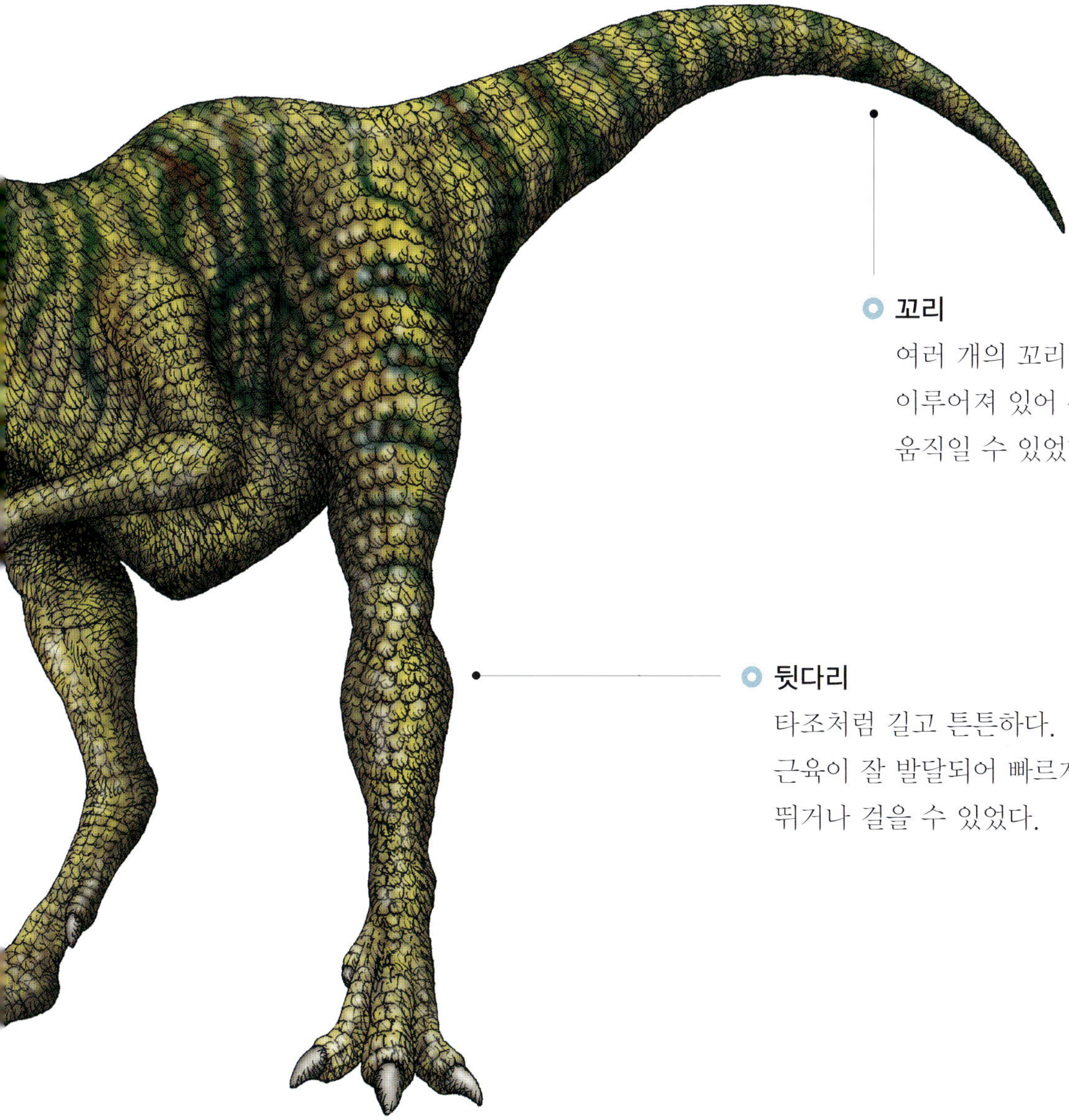

꼬리
여러 개의 꼬리뼈로 이루어져 있어 유연하게 움직일 수 있었다.

뒷다리
타조처럼 길고 튼튼하다. 근육이 잘 발달되어 빠르게 뛰거나 걸을 수 있었다.

달리기 대왕
유타랍토르

재빠르고 영리한 육식 공룡이다. 유타랍토르는 '유타의 도둑'이라는 뜻으로, 화석이 미국의 유타 주에서 처음 발견되었기 때문에 붙은 이름이다. 커다란 몸집에도 불구하고 튼튼한 뒷다리와 유연한 꼬리를 이용하여 빠른 속도로 달릴 수 있었다. 또 시력이 좋고, 점프 실력도 뛰어났다. 무리를 지어 다니며 자신보다 몸집이 더 큰 초식 공룡들도 사냥했다.

○ 입
길쭉하고 끝으로 갈수록 폭이 좁아진다. 입안에 면도날처럼 날카로운 이빨이 있어서 먹잇감의 살을 자르거나 찢기에 좋았다.

○ 머리
몸집에 비해 뇌의 크기가 커서 영리했을 것으로 보고 있다.

유타랍토르 · 세계의 공룡

Utahraptor ostrommaysorum

46억 년 전~5억 4200만 년 전	캄브리아기 5억 4200만 년 전~4억 8830만 년 전	오르도비스기 4억 8830만 년 전~4억 4370만 년 전	실루리아기 4억 4370만 년 전~4억 1600만 년 전	데본기 4억 1600만 년 전~3억 5920만 년 전	석탄기 3억 5920만 년 전~2억 9...
선캄브리아기	고생대 5억 4200만 년 전~2억 5100만 년 전				

6~7m

◉ 유타랍토르 기본 정보

학명	*Utahraptor ostrommaysorum*
분류	용반목 〉수각류 〉드로마에오사우루스과
몸길이	6~7m
몸무게	500kg~700kg
식성	육식
보행	두 발로 걸음
이름의 의미	유타의 도둑
서식 시기	백악기 전기(1억 3000만 년 전~1억 2000만 년 전)
발견 장소	미국

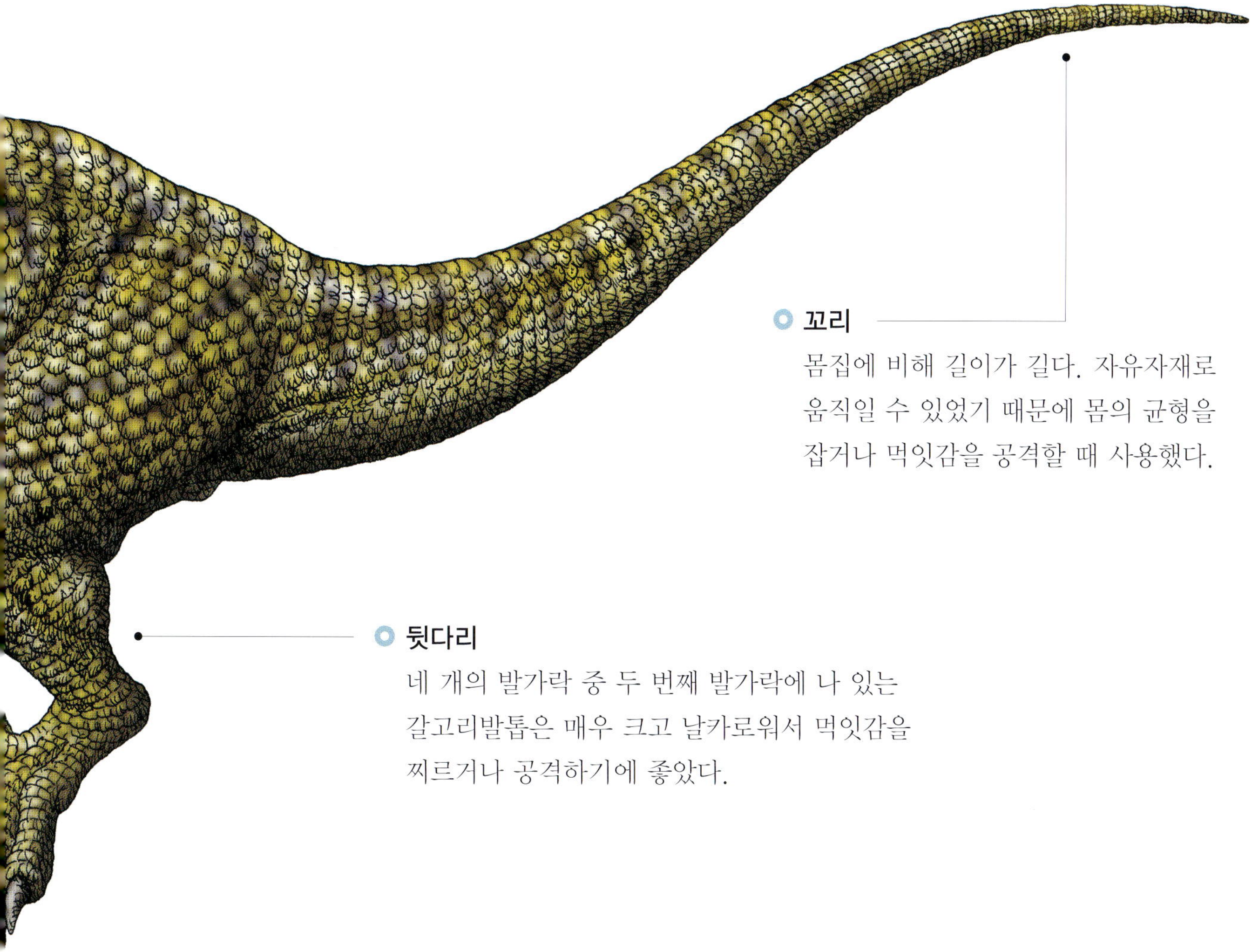

◉ 꼬리
몸집에 비해 길이가 길다. 자유자재로 움직일 수 있었기 때문에 몸의 균형을 잡거나 먹잇감을 공격할 때 사용했다.

◉ 뒷다리
네 개의 발가락 중 두 번째 발가락에 나 있는 갈고리발톱은 매우 크고 날카로워서 먹잇감을 찌르거나 공격하기에 좋았다.

방랑자 공룡
이구아노돈

아프리카, 북아메리카, 유럽, 아시아 심지어 북극에서도 화석이 발견된 몸집이 큰 초식 공룡이다. 1822년에 영국에서 이빨 화석이 처음 발견되었는데, 이구아나의 이빨과 모양이 비슷했다. 그래서 '이구아나의 이빨'이란 뜻의 이구아노돈이라는 이름을 갖게 되었다. 이구아노돈은 개울가나 호숫가 주변에 무리를 지어 살면서 나뭇잎이나 열매를 따 먹었다.

입
새의 부리 같은 단단한 입으로 나뭇잎과 열매를 따 먹었다. 입안에 있는 이빨은 이구아나의 이빨처럼 평평하지만 이빨 가장자리가 거칠어서 식물을 씹어 먹기에 좋았다.

앞다리
다섯 개의 발가락 중 엄지발가락에 나 있는 고깔 모양의 발톱은 옆으로 뻗어 있어서 다른 공룡을 공격할 때 유용했다. 가운데 세 발가락은 서로 붙어 있고, 다섯째 발가락은 유연해서 사물을 움켜쥘 수 있었다.

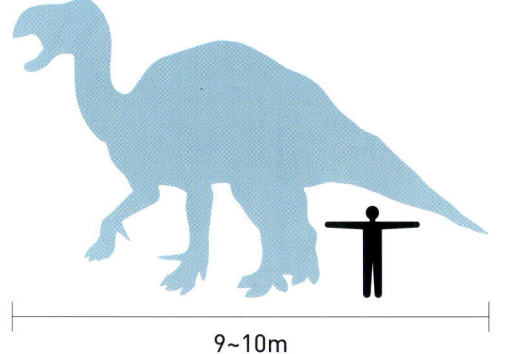

이구아노돈 기본 정보

학명	*Iguanodon bernissartensis*
분류	조반목 〉 조각류 〉 이구아노돈과
몸길이	9~10m
몸무게	4~5t
식성	초식
보행	두 발로 걷거나 네 발로 걸음
이름의 의미	이구아나의 이빨
서식 시기	백악기 전기(1억 3500만 년 전~1억 2500만 년 전)
발견 장소	유럽, 북아메리카, 아시아, 아프리카

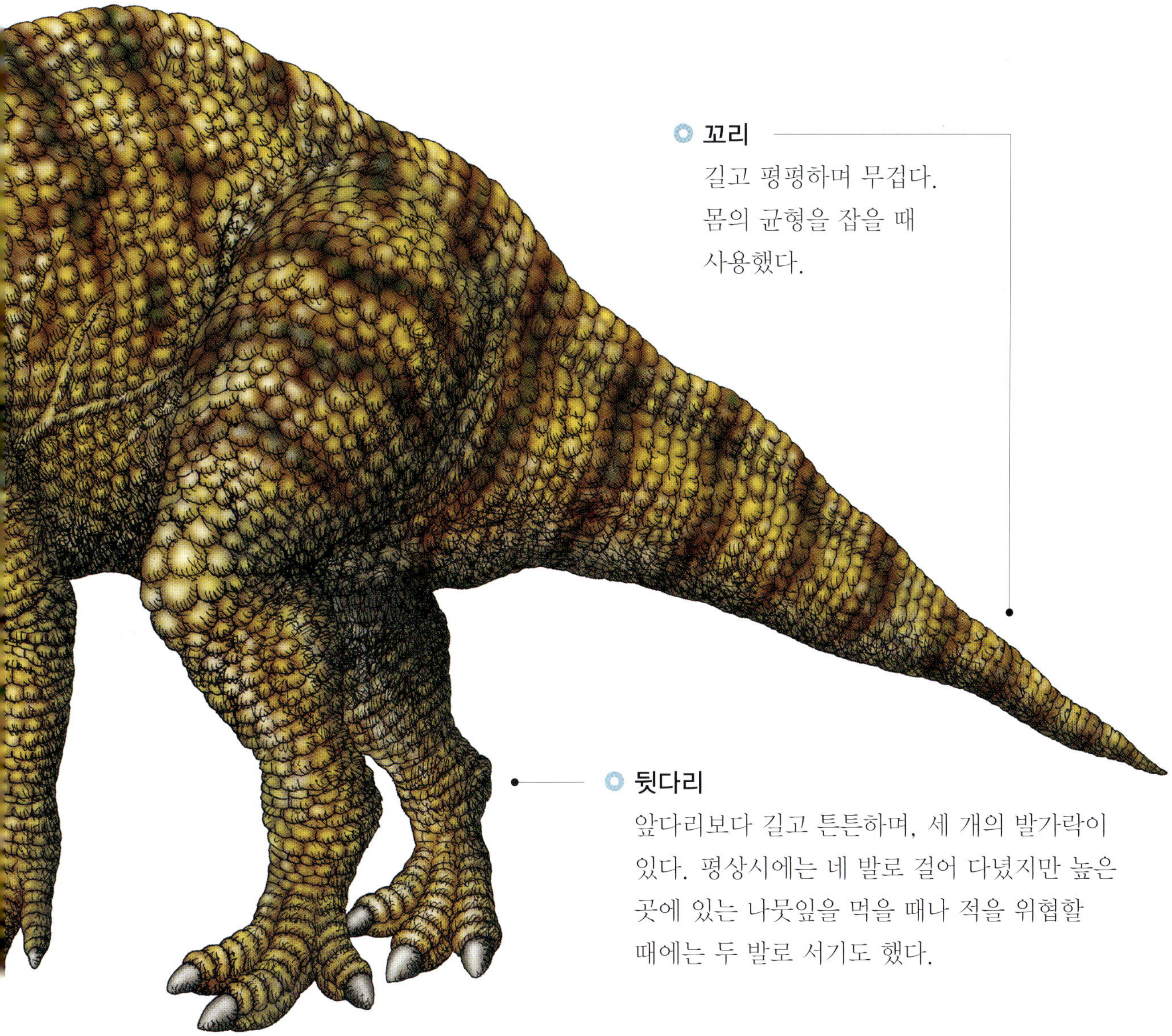

꼬리

길고 평평하며 무겁다. 몸의 균형을 잡을 때 사용했다.

뒷다리

앞다리보다 길고 튼튼하며, 세 개의 발가락이 있다. 평상시에는 네 발로 걸어 다녔지만 높은 곳에 있는 나뭇잎을 먹을 때나 적을 위협할 때에는 두 발로 서기도 했다.

름기 2억 9900만 년 전~2억 5100만 년 전	트라이아스기 2억 5100만 년 전~1억 9960만 년 전	쥐라기 1억 9960만 년 전~1억 4550만 년 전	백악기 1억 4550만 년 전~6550만 년 전	고제3기 6550만 년 전~2303만 년 전	신제3기 2303만 년 전~
	중생대 2억 5100만 년 전~6550만 년 전			신생대 6550만 년~	

051

상어의 이빨을 가진
카르카로돈토사우루스

두 발로 섰을 때 키가 이층 버스만큼 큰 육식 공룡이다. 카르카로돈토사우루스는 '상어 이빨을 가진 도마뱀'이란 뜻으로, 실제로 상어 이빨처럼 끝이 뾰족하고 삼각형 모양의 이빨을 가졌다. 무리를 지어 생활하면서 사냥도 함께 했다. 화석은 주로 북부 아프리카에서 발견된다.

머리
크고 길쭉하다. 머리뼈의 크기가 1.6m에 달하는 것도 발견되었다.

입
입안에 상어의 이빨처럼 끝이 뾰족하고, 길이가 10cm가량인 삼각형 모양의 날카로운 이빨이 촘촘하게 나 있다.

앞다리
뒷다리에 비해 매우 짧다. 세 개의 발가락에는 날카로운 발톱이 나 있어 먹잇감을 움켜쥐거나 공격하기에 좋았다.

Carcharodontosaurus saharicus

46억 년 전-5억 4200만 년 전	캄브리아기 5억 4200만 년 전-4억 8830만 년 전	오르도비스기 4억 8830만 년 전-4억 4370만 년 전	실루리아기 4억 4370만 년 전-4억 1600만 년 전	데본기 4억 1600만 년 전-3억 5920만 년 전	석탄기 3억 5920만 년 전-2억 9
선캄브리아기	고생대 5억 4200만 년 전~2억 5100만 년 전				

12~13m

🎯 카르카로돈토사우루스 기본 정보

학명	*Carcharodontosaurus saharicus*
분류	용반목 〉 수각류 〉 카르카로돈토사우루스과
몸길이	12~13m
몸무게	4~8t
식성	육식
보행	두 발로 걸음
이름의 의미	상어 이빨을 가진 도마뱀
서식 시기	백악기 중기(1억 2000만 년 전~9300만 년 전)
발견 장소	알제리, 이집트, 모로코

◉ 꼬리
길이가 길고 튼튼하다. 걷거나 달릴 때 몸의 중심을 잡아 주었다.

◉ 뒷다리
길고 근육이 잘 발달해서 두 발로 걸어 다녔다. 다리 힘이 강해 먹잇감을 짓밟거나 뒷발질로 공격하기도 했다.

| 페름기 2억 9900만 년 전~2억 5100만 년 전 | 트라이아스기 2억 5100만 년 전~1억 9960만 년 전 | 쥐라기 1억 9960만 년 전~1억 4550만 년 전 | 백악기 1억 4550만 년 전~6550만 년 전 | 고제3기 6550만 년 전~2303만 년 전 | 신제3기 2303만 년 전~ |

| 중생대 2억 5100만 년 전~6550만 년 전 | 신생대 6550만 년~ |

052

깃털로 몸이 덮인
카우딥테릭스

온몸이 깃털로 덮여 있는 잡식 공룡이다. 1997년 중국에서 처음 화석이 발견되었다. 새와 생김새가 비슷하고, 몸이 깃털로 덮여 있었지만 하늘을 날지는 못했다. 몸에 난 깃털은 몸을 보호하고, 체온을 유지하는 용도였을 것으로 보인다. 고생물학자들은 카우딥테릭스를 새의 조상이라고 추측하기도 한다.

 입
새의 부리처럼 단단하다. 부리로 딱딱한 열매를 쪼거나 씨앗을 부쉈다.

머리
작은 몸집에 비해 뇌의 크기가 커서 영리하고 민첩했을 것으로 보인다.

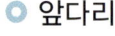 **앞다리**
새의 날개처럼 빳빳한 깃털이 나 있다. 하지만 길이가 짧아서 날 수는 없었다.

Caudipteryx zoui

카우딥테릭스 · 세계의 공룡

선캄브리아기	고생대 5억 4200만 년 전~2억 5100만 년 전
46억 년 전-5억 4200만 년 전	캄브리아기 5억 4200만 년 전-4억 8830만 년 전 / 오르도비스기 4억 8830만 년 전-4억 4370만 년 전 / 실루리아기 4억 4370만 년 전-4억 1600만 년 전 / 데본기 4억 1600만 년 전-3억 5920만 년 전 / 석탄기 3억 5920만 년 전-2억 990...

약 1m

◉ 카우딥테릭스 기본 정보

학명	*Caudipteryx zoui*
분류	용반목 〉 수각류 〉 카우딥테릭스과
몸길이	약 1m
몸무게	4~7kg
식성	잡식
보행	두 발로 걸음
이름의 의미	꼬리 깃털
서식 시기	백악기 전기(1억 3000만 년 전~1억 2000만 년 전)
발견 장소	중국

◉ 꼬리

꼬리 끝에 부채 모양의 긴 깃털이 나 있다. 꼬리의 길이가 짧아서 꼬리 끝에 난 긴 깃털을 이용해 몸의 균형을 잡았다.

◉ 몸

온몸을 덮고 있는 깃털로 몸을 보호하고 체온을 유지했을 것으로 추정된다.

데이노니쿠스의 사냥감
테논토사우루스

몸집이 거대한 초식 공룡이다. 1970년에 미국에서 처음 화석이 발견되었는데, 당시 작은 육식 공룡인 데이노니쿠스의 이빨도 함께 발견되었다. 아마도 테논토사우루스가 데이노니쿠스의 사냥감이었던 것으로 보인다. 테논토사우루스는 '힘줄 도마뱀'이라는 뜻으로, 뼈 화석에서 등에서부터 꼬리까지 이어지는 힘줄이 발견되어 붙여진 이름이다.

○ 머리
몸집에 비해 크기가 작다. 입은 새의 부리처럼 단단하다. 콧구멍이 커서 냄새를 잘 맡을 수 있었다.

6.5~8m

⊙ 테논토사우루스 기본 정보

학명	*Tenontosaurus tilletti*
분류	조반목 〉 조각아목 〉 이구아노돈류
몸길이	6.5~8m
몸무게	1~2t
식성	초식
보행	두 발로 걷거나 네 발로 걸음
이름의 의미	힘줄 도마뱀
서식 시기	백악기 전기(1억 1000만 년 전~9800만 년 전)
발견 장소	미국

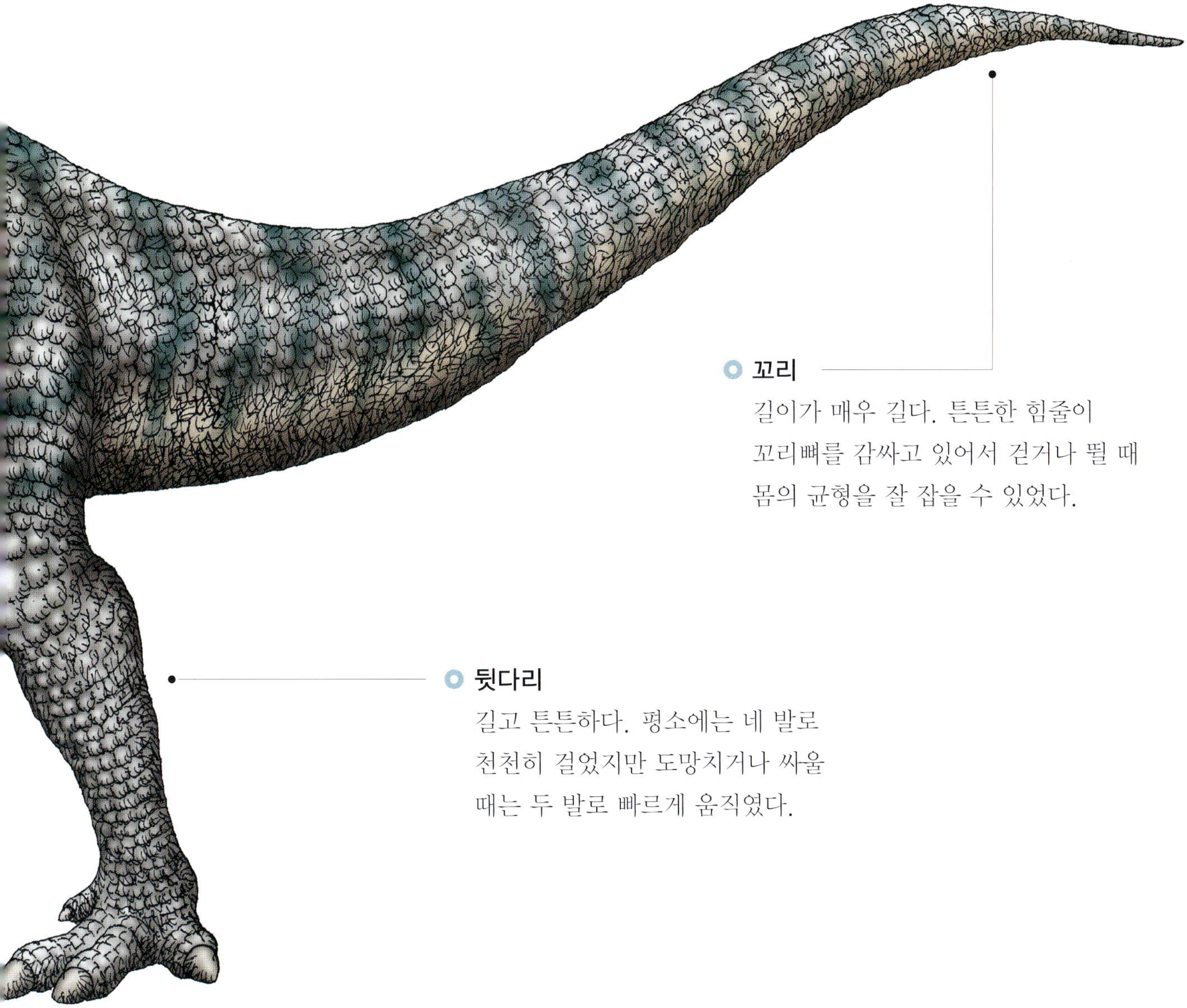

⊙ 꼬리
길이가 매우 길다. 튼튼한 힘줄이 꼬리뼈를 감싸고 있어서 걷거나 뛸 때 몸의 균형을 잘 잡을 수 있었다.

⊙ 뒷다리
길고 튼튼하다. 평소에는 네 발로 천천히 걸었지만 도망치거나 싸울 때는 두 발로 빠르게 움직였다.

페름기 2억 9900만 년 전~2억 5100만 년 전	트라이아스기 2억 5100만 년 전~1억 9960만 년 전	쥐라기 1억 9960만 년 전~1억 4550만 년 전	백악기 1억 4550만 년 전~6550만 년 전	고제3기 6550만 년 전~2303만 년 전	신제3기 2303만 년 전~

중생대 2억 5100만 년 전~6550만 년 전   신생대 6550만 년~

공룡계의 아인슈타인
트로오돈

공룡 중에서 가장 머리가 좋은 육식 공룡이다. 몸집에 비해 뇌의 크기가 크고, 무게도 40~45g에 이를 정도로 무겁다. 시력이 좋아 먹잇감을 잘 찾았고, 튼튼한 뒷다리와 날카로운 갈고리발톱 덕분에 사냥을 잘했다. 그러나 턱의 힘이 약해 큰 동물보다 주로 작은 포유류나 곤충을 잡아먹었을 것으로 보인다. 최근 미국에서 발견된 둥지 화석은 트로오돈이 새처럼 알을 품어 부화시켰을 것이라는 사실을 짐작할 수 있게 해 준다.

○ **머리**
몸집에 비해 뇌의 크기가 커서 영리했을 것으로 추정된다. 턱은 튼튼하지 못했고, 입안에 톱니 모양의 이빨이 여러 개 나 있다.

○ **앞다리**
뒷다리에 비해 짧다. 세 개의 발가락에 있는 뾰족한 발톱으로 먹이를 움켜쥐었다.

Troodon formosus

선캄브리아기	캄브리아기	오르도비스기	실루리아기	데본기	석탄기
46억 년 전~5억 4200만 년 전	5억 4200만 년 전~4억 8830만 년 전	4억 8830만 년 전~4억 4370만 년 전	4억 4370만 년 전~4억 1600만 년 전	4억 1600만 년 전~3억 5920만 년 전	3억 5920만 년 전~2억 990...

고생대 5억 4200만 년 전~2억 5100만 년 전

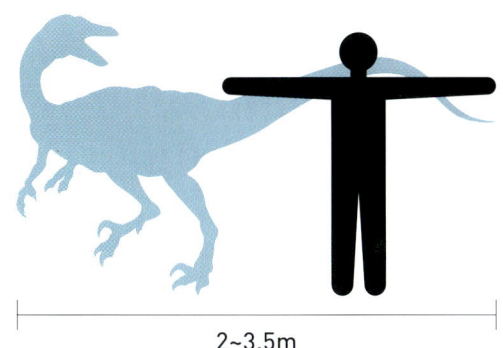

2~3.5m

◎ 트로오돈 기본 정보

학명	*Troodon formosus*
분류	용반목 〉 수각류 〉 트로오돈과
몸길이	2~3.5m
몸무게	50~60kg
식성	육식
보행	두 발로 걸음
이름의 의미	구부러진 이빨, 상처를 주는 이빨
서식 시기	백악기 후기(7500만 년 전~6500만 년 전)
발견 장소	미국, 캐나다

◎ 눈
머리 크기에 비해 매우 크다. 앞쪽을 향해 있어 사물을 입체적으로 볼 수 있었을 뿐만 아니라 먹이가 있는 곳까지의 거리를 정확하게 측정할 수 있었다.

◎ 꼬리
가늘고 긴 채찍 모양이다. 빠르게 뛰거나 점프할 때, 그리고 재빨리 방향을 바꿀 때 몸의 균형을 잡아 주었다.

◎ 뒷다리
길고 튼튼하다. 두 번째 발가락에 있는 날카로운 갈고리발톱을 이용하여 먹잇감을 공격했을 것으로 보인다.

055

최후까지 살아남은
트리케라톱스

공룡이 멸종되기 직전까지 살아남은 초식 공룡이다. 얼굴에 뿔이 있는 공룡 중에서 가장 몸집이 크다. 트리케라톱스는 '세 개의 뿔이 있는 얼굴'이란 뜻으로, 눈 위에 한 쌍의 커다란 뿔이, 코 위에 작은 뿔이 하나 솟아 있다. 뿔은 티라노사우루스 같은 사나운 육식 공룡의 공격을 방어하는 무기였다. 또 암컷을 차지하기 위해 수컷끼리 힘을 겨룰 때도 썼을 것으로 보인다.

○ 입
새의 부리처럼 생겼고, 턱의 힘은 강했다. 입안에 여러 개의 이빨이 있었지만 날카롭지 못해서 식물을 자르는 데에만 썼다.

트리케라톱스 · 세계의 공룡

Triceratops horridus

46억 년 전~5억 4200만 년 전	캄브리아기 5억 4200만 년 전~4억 8830만 년 전	오르도비스기 4억 8830만 년 전~4억 4370만 년 전	실루리아기 4억 4370만 년 전~4억 1600만 년 전	데본기 4억 1600만 년 전~3억 5920만 년 전	석탄기 3억 5920만 년 전~2억 99...
선캄브리아기	고생대 5억 4200만 년 전~2억 5100만 년 전				

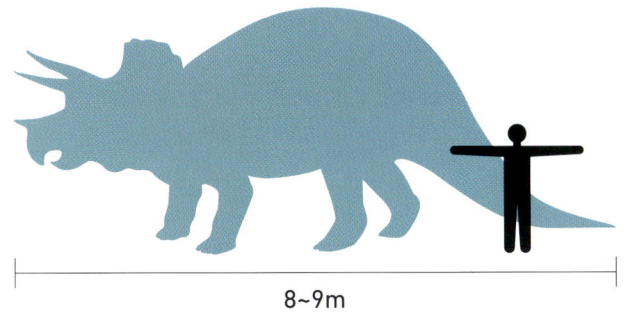

8~9m

트리케라톱스 기본 정보

학명	*Triceratops horridus*
분류	조반목 〉 각룡류 〉 케라톱스과
몸길이	8~9m
몸무게	6~12t
식성	초식
보행	네 발로 걸음
이름의 의미	세 개의 뿔이 있는 얼굴
서식 시기	백악기 후기(7000만 년 전~6500만 년 전)
발견 장소	캐나다, 미국

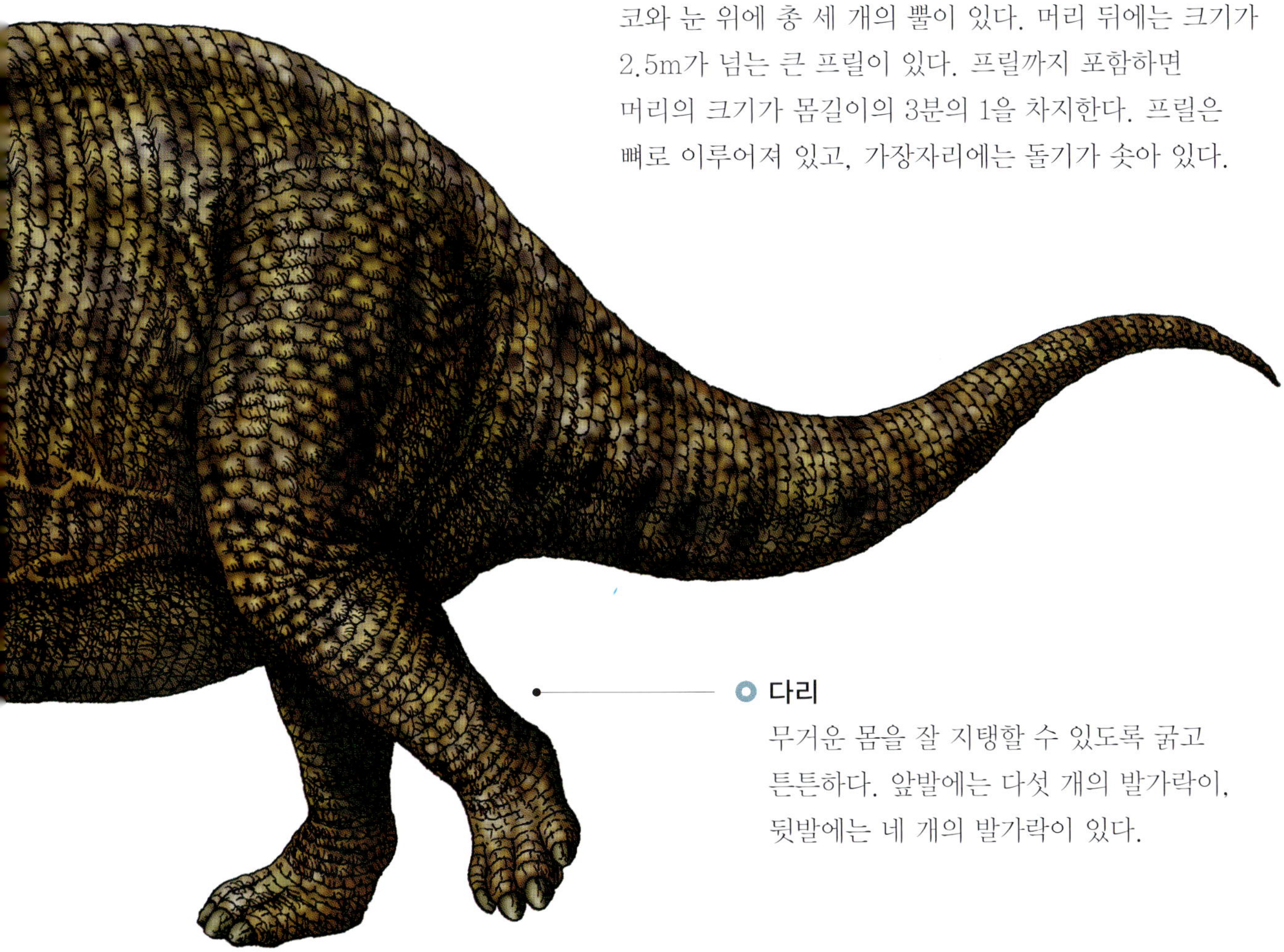

머리

코와 눈 위에 총 세 개의 뿔이 있다. 머리 뒤에는 크기가 2.5m가 넘는 큰 프릴이 있다. 프릴까지 포함하면 머리의 크기가 몸길이의 3분의 1을 차지한다. 프릴은 뼈로 이루어져 있고, 가장자리에는 돌기가 솟아 있다.

다리

무거운 몸을 잘 지탱할 수 있도록 굵고 튼튼하다. 앞발에는 다섯 개의 발가락이, 뒷발에는 네 개의 발가락이 있다.

긴 볏으로 말하는
파라사우롤로푸스

머리에 길게 뻗은 볏이 있는 초식 공룡이다. 볏의 속은 관처럼 비어 있고 끝은 막혀 있다. 볏은 콧구멍과 연결되어 있는데, 입으로 소리를 내면 볏을 지나면서 소리가 커졌다. 육식 공룡의 공격을 방어할 무기가 없었던 파라사우롤로푸스는 볏으로 소리를 내어 동료들에게 위험을 알렸을 것으로 보인다. 무리 지어 생활했으며, 성격은 온순했다.

- **입**
  오리 부리처럼 넓적하며, 입 안쪽에 작은 이빨이 많이 나 있어서 나뭇잎을 잘게 부수기에 좋았다.

- **목**
  목에서부터 어깨까지 근육이 잘 발달해 있다. 튼튼한 어깨로 빽빽한 나무 숲 사이를 헤치고 다녔을 것으로 추정된다.

선캄브리아기	고생대 5억 4200만 년 전~2억 5100만 년 전
46억 년 전-5억 4200만 년 전	캄브리아기 5억 4200만 년 전-4억 8830만 년 전 · 오르도비스기 4억 8830만 년 전-4억 4370만 년 전 · 실루리아기 4억 4370만 년 전-4억 1600만 년 전 · 데본기 4억 1600만 년 전-3억 5920만 년 전 · 석탄기 3억 5920만 년 전-2억 99…

9~11m

머리
머리 뒤쪽으로 볏이 길게 뻗어 있다. 볏을 포함한 머리 전체 길이는 1.6~2m 정도이다. 수컷의 볏이 암컷의 볏보다 훨씬 길다.

파라사우롤로푸스 기본 정보

학명	*Parasaurolophus walkeri*
분류	조반목 > 조각류 > 하드로사우루스과
몸길이	9~11m
몸무게	3~4t
식성	초식
보행	두 발로 걷거나 네 발로 걸음
이름의 의미	볏이 있는 도마뱀과 비슷한 도마뱀
서식 시기	백악기 후기(7600만 년 전~7400만 년 전)
발견 장소	캐나다, 미국

다리
뒷다리가 앞다리보다 튼튼하다. 보통 때는 네 발로 걷다가 필요한 경우 두 발로 걸었다.

057

모성애가 지극한
프시타코사우루스

뿔 공룡의 조상으로 여겨지는 초식 공룡이다. 1922년에 몽골에서 처음 화석이 발견되었는데, 뿔과 프릴은 없지만 입이 앵무새의 부리와 비슷하고, 뺨에 돌기가 튀어나와 있어서 뿔 공룡의 조상으로 보고 있다. 2004년에 중국에서 어미 공룡과 34마리의 새끼 공룡이 함께 있는 화석이 발견되었는데, 이를 통해 프시타코사우루스가 새끼를 잘 보살핀 모성애가 지극한 공룡이었다는 사실을 알게 되었다.

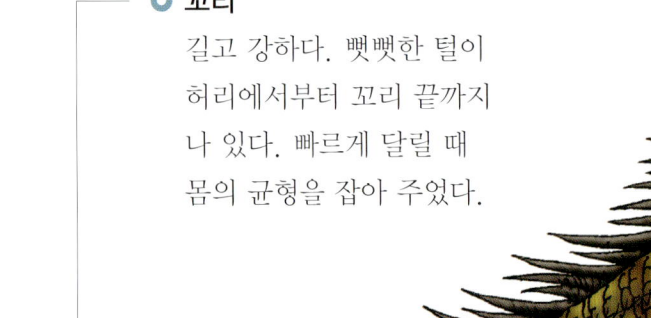

꼬리
길고 강하다. 뻣뻣한 털이 허리에서부터 꼬리 끝까지 나 있다. 빠르게 달릴 때 몸의 균형을 잡아 주었다.

다리
뒷다리는 크고 육중하다. 앞다리는 뒷다리보다 짧고 약하지만 기다란 발가락으로 나뭇잎을 움켜쥘 수 있었다.

Psittacosaurus mongoliensis

선캄브리아기 | 고생대 5억 4200만 년 전~2억 5100만 년 전

약 2m

◉ 프시타코사우루스 기본 정보

학명	*Psittacosaurus mongoliensis*
분류	조반목 > 각룡류 > 프시타코사우루스과
몸길이	약 2m
몸무게	약 20kg
식성	초식
보행	두 발로 걷거나 네 발로 걸음
이름의 의미	앵무새 도마뱀
서식 시기	백악기 전기(1억 3000만 년 전~1억 년 전)
발견 장소	몽골, 중국, 러시아, 태국

◉ 머리
네모난 모양으로, 다른 뿔 공룡들처럼 뺨에 돌기가 솟아 있다.

◉ 입
앵무새의 부리처럼 끝이 뾰족하고 딱딱하다. 입이 튼튼해 질긴 나무줄기나 뿌리, 딱딱한 열매도 잘 먹을 수 있었다.

쥐라기 하늘을 누빈
람포링쿠스

몸길이가 40㎝에 불과할 정도로 크기가 아주 작은 익룡이다. 입은 새의 부리처럼 길고, 못처럼 가늘고 뾰족한 이빨이 여러 개 나 있다. 꼬리 끝에는 마름모 모양의 수직 날개가 달려 있어 자유롭게 방향을 바꿀 수 있었다. 새처럼 뼈 속이 비어 있어서 무게가 가벼웠다. 주로 바닷가 근처에서 물고기를 잡아먹으며 살았다.

머리
눈이 커서 시력이 좋았을 것으로 추정된다.

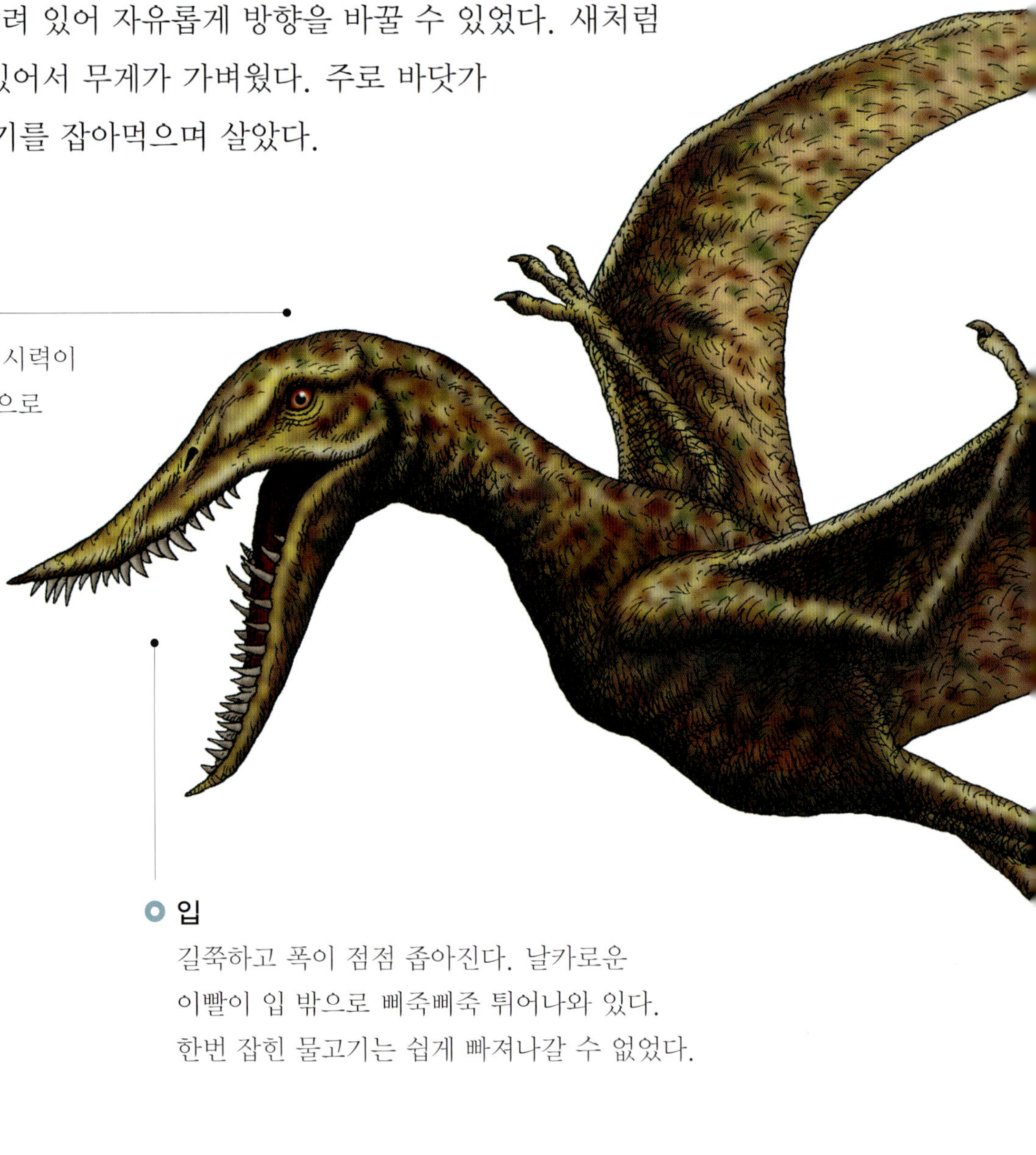

입
길쭉하고 폭이 점점 좁아진다. 날카로운 이빨이 입 밖으로 삐죽삐죽 튀어나와 있다. 한번 잡힌 물고기는 쉽게 빠져나갈 수 없었다.

1~1.8m

◉ 람포링쿠스 기본 정보

학명	*Rhamphorhynchus longicaudus*
분류	익룡목 〉 람포링쿠스류 〉 람포링쿠스과
날개를 편 길이	1~1.8m
몸무게	약 10kg
식성	육식
이름의 의미	부리 주둥이
서식 시기	쥐라기 후기(1억 7000만 년 전~1억 4400만 년 전)
발견 장소	독일, 영국, 탄자니아

◉ 날개
양쪽 날개를 펴면 1~1.8m에 이를 정도로 크다. 얇은 피부막으로 이루어져 있어서 가볍고, 날개 끝은 날카로웠다.

◉ 꼬리
길고 빳빳하다. 이빨 때문에 머리 앞쪽이 무거워지자 균형을 맞추기 위해 꼬리도 길고 무거워졌다. 꼬리 끝에는 마름모 모양의 수직 날개가 달려 있어서 쉽게 방향을 바꿀 수 있었다.

익룡계의 거인
케찰코아툴루스

양쪽 날개를 쭉 펴면 경비행기와 맞먹을 정도로 몸집이 거대한 익룡이다. 케찰코아툴루스라는 이름은 '날개를 가진 큰 뱀'이라는 뜻으로, 아스텍 신화에 나오는 신의 이름을 붙인 것이다. 새처럼 뼈의 속은 비어 있었지만 날개가 너무 커서 상승 기류를 이용하여 떠오른 다음 날개를 움직이지 않고 날았던 것으로 보인다. 늪 주변에서 물고기나 작은 동물을 잡아먹으며 살았다.

○ 머리
폭이 좁고 길쭉하다. 머리 뒷부분에는 속이 빈 볏이 솟아 있다.

○ 눈
시력이 좋아 멀리 있는 먹이도 쉽게 발견하였다.

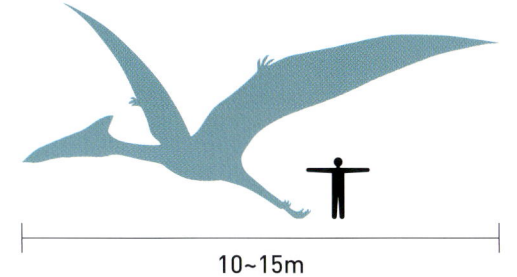

◉ 케찰코아툴루스 기본 정보

학명	*Quetzalcoatlus northropi*
분류	익룡목 〉 프테로닥틸루스류 〉 아즈다르코과
날개를 편 길이	10~15m
몸무게	약 90kg
식성	육식
이름의 의미	날개를 가진 큰 뱀
서식 시기	백악기 후기(7000만 년 전~6500만 년 전)
발견 장소	미국

◉ 날개
얇은 막으로 된 날개는 앞다리의 네 번째 발가락에 연결되어 있다. 찢어지면 다시 재생되지 않았다. 땅 위에서는 새처럼 날개를 접은 후 네 발로 걸었다.

◉ 꼬리
긴 목과 긴 뒷다리에 비해 꼬리의 길이는 아주 짧다.

◉ 몸
몸 전체에 짧은 깃털이 빽빽하게 나 있어서 몸을 보호하고 체온을 유지할 수 있었다.

이빨 없는 익룡
프테라노돈

다른 익룡들과 달리 이빨이 없는 익룡이다. 1876년에 미국에서 처음 화석이 발견되었다. 익룡 중에서 가장 몸집이 큰 익룡으로 손꼽힌다. 머리 뒤쪽에 커다란 볏이 솟아 있고, 꼬리는 매우 짧다. 바닷가 근처에서 물고기를 잡아먹으며, 무리를 지어 살았다. 바다 위를 날다가 물고기가 보이면 물속에 날카로운 부리를 집어 넣어 낚아챘다.

○ 머리
머리는 컸지만 이빨이 없어서 가벼웠다. 눈은 머리 양 옆에 붙어 있어서 시야가 넓었다.

○ 부리
부리 끝이 날카롭고 길어서 집게처럼 물고기를 잡았다.

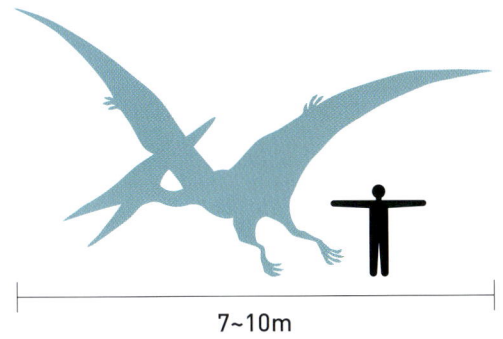

7~10m

⊙ 프테라노돈 기본 정보

학명	*Pteranodon longiceps*
분류	익룡목 〉 프테로닥틸루스류 〉 프테라노돈과
날개를 편 길이	7~10m
몸무게	약 20kg
식성	육식
이름의 의미	이빨 없는 날개
서식 시기	백악기(1억 4550만 년 전~6550만 년 전)
발견 장소	미국, 아시아, 유럽

◯ 볏

머리 길이의 절반을 차지할 정도로 길이가 길고, 뒤쪽을 향해 있다. 하늘을 날 때 균형을 잡아 주고, 쉽게 방향을 바꾸는 데 도움이 되었을 것으로 보인다. 수컷이 암컷보다 볏의 길이가 길다.

◯ 날개

얇지만 신축성 있고 튼튼한 피부막으로 이루어져 있다. 날개는 네 번째 발가락에서부터 몸통을 지나 다리에까지 이어져 있다.

171

에필로그

영화와 다큐멘터리에 나온 점박이와 한반도에 살았던
공룡·익룡·파충류들을 '점박이 한반도의 공룡 생생 화보'를 통해
더욱 실감나고 재미있게 만나 보세요!

001
8천만 년 전 한반도

지금으로부터 8천만 년 전의 한반도는 공룡들의 천국이었어요.
기다란 목으로 높은 곳에 있는 나뭇잎도 거뜬히 먹을 수 있었던 부경고사우루스,
티라노사우루스와 어깨를 나란히 할 만큼 용맹스러웠던 타르보사우루스, 갑옷과 꼬리

곤봉 덕분에 육식 공룡의 공격도 지혜롭게 이겨낼 수 있었던 안킬로사우루스 등 한반도 곳곳에 초식 공룡과 육식 공룡, 익룡과 파충류들이 함께 어울려 살았지요.
이 환상적인 풍경 속에는 때론 평화롭게 때론 치열하게 살아간 다양한 공룡들의 흥미로운 이야기가 숨어 있답니다.
자, 그럼 지금부터 3D 영화 〈점박이 : 한반도의 공룡〉에 등장하는 공룡, 익룡, 파충류들을 더 자세하고 생생하게 만나 볼까요?

002 미크로랍토르

미크로랍토르는 깃털 공룡이에요. 다리를 비롯한 온몸에 깃털이 나 있어 마치 한 마리 새처럼 보이기도 해요. 미크로랍토르는 거의 나무 위에서 생활했는데, 다리에 난 깃털이 땅 위를 걸어 다닐 때 거추장스러웠기 때문이었어요. 발가락이 나뭇가지를 움켜쥐기에 알맞게 생겼기 때문이기도 했지요.

나무와 나무 사이를 건너다닐 때에는 깃털이 난 네 다리를 활짝 펴고 마치 날다람쥐처럼 움직였어요. 몸을 보호하고 따뜻하게 하는 데 쓰였을 뿐만 아니라 하늘을 나는 데에도 쓰인 깃털 때문에 고생물학자들은 미크로랍토르를 중요한 공룡으로 생각하고 있어요. 미크로랍토르와 같은 수각류 중 일부가 새로 진화했다는 이론을 뒷받침하는 증거가 될 수 있기 때문이랍니다.

부경고사우루스

부경고사우루스는 공룡 중에서 처음으로 우리나라 이름이 붙은 공룡이에요. 새로운 공룡을 발견하면 보통 그 화석을 발견한 사람의 이름이나 화석을 발굴한 지역의 이름을 공룡의 이름으로 짓곤 하는데, 우리나라 부경대학교 연구 팀이 경상남도 하동군에서 발견한 공룡이어서 그런 이름을 갖게 되었답니다.

용각류인 부경고사우루스는 몸집이 크고 목과 꼬리가 길어요. 목을 쭉 치켜세우면 아파트 7층 정도의 높이가 되고, 몸과 꼬리를 쭉 펴면 버스 2대 정도의 길이가 되지요. 또 부경고사우루스는 몸집이 거대한 먹보예요. 나뭇잎은 영양가가 낮아서 많은 양을 먹어야만 배도 채우고, 에너지도 얻을 수 있거든요. 먹이를 먹는 데 하루의 대부분을 썼지만 살기 위해서는 어쩔 수 없는 일이었어요.

004
벨로키랍토르

3D 영화 〈점박이 : 한반도의 공룡〉에서 공룡들이 애꾸눈 티라노사우루스만큼이나 두려워했던 공룡, 어떤 공룡일까요? 바로 벨로키랍토르예요. 벨로키랍토르는 최대 몸길이가 2.2m 정도이고, 키가 어른의 허리 정도밖에 되지 않았지만 영리하고, 성질이 사나워서 사냥을 아주 잘했어요. 벨로키랍토르의 주요 무기는 뒷발에 달린 갈고리발톱이었답니다. 벨로키랍토르는 갈고리발톱을 보호하기 위해 걸을 때에도 갈고리발톱이 땅에 닿지 않게 치켜세우고 다녔어요. 그러다 먹잇감을 발견하면 여럿이 한꺼번에 달려들어 날카로운 갈고리발톱으로 사정없이 내리찍었지요. '재빠른 도둑'이라는 이름의 뜻처럼 벨로키랍토르가 무리를 지어 공격하면 몸집이 산만 한 초식 공룡들도 목숨을 잃고 말았어요.

안킬로사우루스

뼈로 된 단단한 갑옷으로 온몸을 감싸고 있는 공룡! 바로 안킬로사우루스예요. 몸길이는 최대 6m 정도로 몸집이 그리 크진 않았지만 갑옷 덕분에 위험한 상황을 잘 이겨낼 수 있었어요. 또한 네 다리는 짧고 굵어서 빠르게 움직일 수 없는 대신 묵직한 몸을

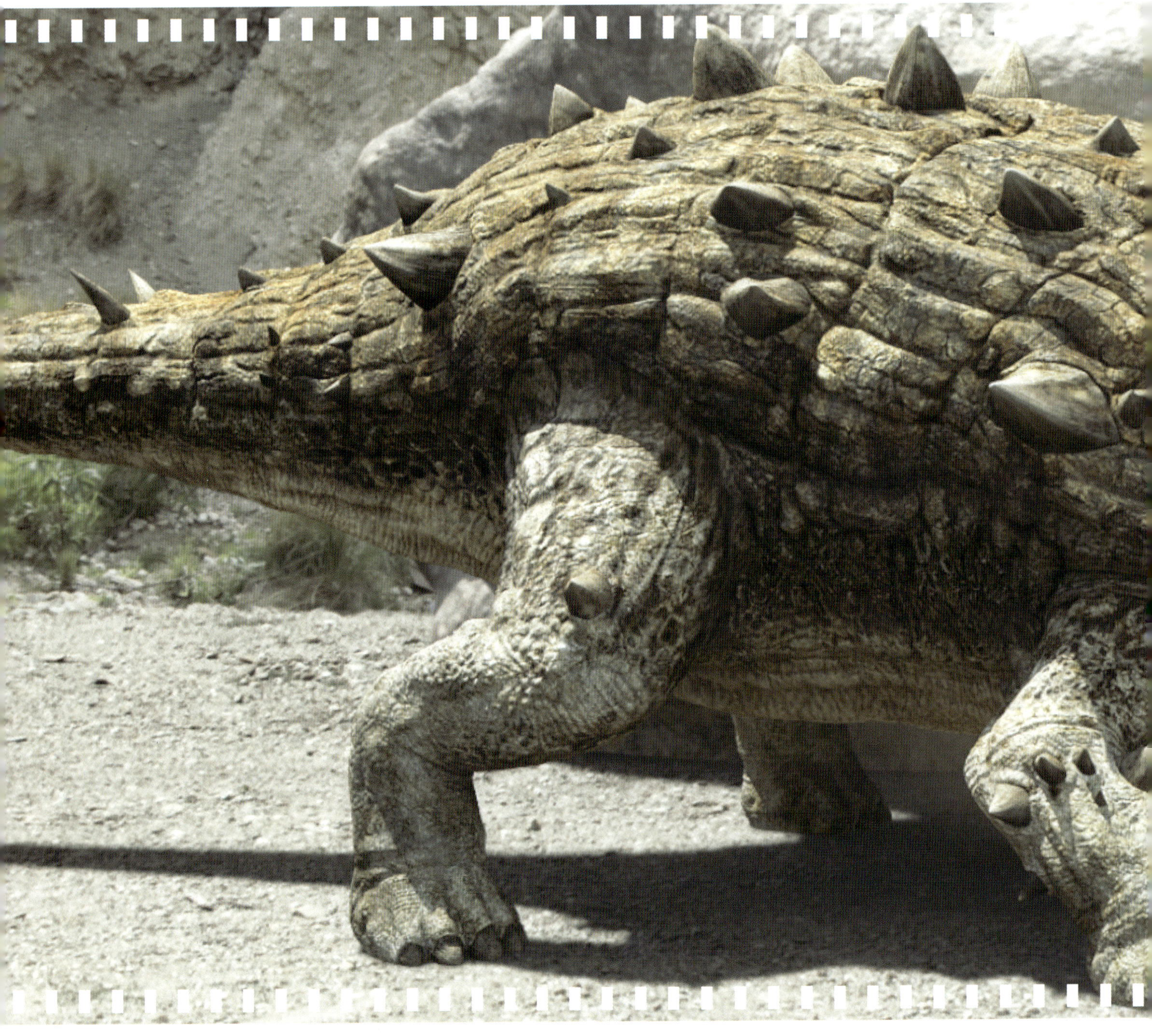

안정적으로 지탱할 수 있었어요.
안킬로사우루스는 단단한 갑옷 말고도 여러 개의 뼈 뭉치로
이루어진 꼬리 곤봉도 갖고 있었어요. 꼬리 곤봉을 망치처럼
힘껏 내리치면 거대한 육식 공룡의 다리뼈도 부서지고 말았지요. 하지만 갑옷과
꼬리 곤봉으로도 적을 물리칠 수 없는 순간이 오면, 바닥에 납작 엎드려서 적이 포기할
때까지 버텼어요. 갑옷이 없는 배 부분을 보호하기 위한 안킬로사우루스의 지혜였답니다.

006 친타오사우루스

친타오사우루스는 매우 독특하게 생긴 공룡이에요. 전설에 나오는 유니콘처럼 눈과 눈 사이에 뿔처럼 생긴 볏이 높이 솟아 있거든요. 그래서 친타오사우루스를 '유니콘 공룡'이라고도 불러요. 볏으로 소리를 냈을 것이라는 주장도 있고, 짝짓기를 할 때 사용했을 거라는 주장도 있어요. 이 볏을 가지고 무엇을 했는지에 대해 정확히 알기 위해서는 앞으로 더 많은 연구가 필요하답니다.

친타오사우루스의 또 다른 특징은 오리 부리처럼 생긴 입이에요. 오리 부리처럼 생긴 넓적한 입으로는 다양한 종류의 나뭇잎과 나무줄기를 잘랐고, 단단한 턱과 여러 개의 이빨로는 질기고 딱딱한 식물을 잘게 부쉈어요. 친타오사우루스도 다른 초식 공룡들처럼 무리를 지어 살았는데, 항상 보초를 서는 당번을 정해 놓았기 때문에 위험을 금방 알아차릴 수 있었답니다.

007
카로노사우루스

카로노사우루스의 가장 큰 특징은 긴 볏이에요. 볏의 최대 길이는 1m 정도로, 속은 비어 있었을 것으로 보여요. 하지만 아직까지 온전한 모양의 머리뼈 화석이 발견되지 않았기 때문에 볏을 어떤 용도로 사용했는지, 속은 왜 비어 있는지에 대해 정확히 알 수 없답니다. 다만 고생물학자들은 카로노사우루스도 볏이 있는 다른 공룡들처럼 볏을 이용해 의사소통을 했을 거라고 추측하고 있어요. 볏이 있는 다른 공룡들의 경우 볏을 울려 소리를 내서 적이 다가오고 있음을 무리에게 알렸기 때문이에요.

카로노사우루스는 스스로를 보호할 수 있는 별다른 무기가 없었어요. 빨리 달리지도 못했지요. 하지만 몸집이 커다랗고 20~30마리씩 무리 지어 생활했기 때문에 육식 공룡들이 쉽사리 덤비지는 못했답니다.

008
타르보사우루스

몽골의 고비 사막에서 처음 화석이 발견된 타르보사우루스는 언뜻 보면 북아메리카에 살았던 티라노사우루스처럼 보여요. 몇 가지 작은 차이점만 빼면 생김새, 생활 모습, 사냥 방법까지 닮았기 때문이죠. 그래서 타르보사우루스를 '아시아의 티라노사우루스'라고도 부른답니다.
몸집이 티라노사우루스보다 약간 작고, 몸무게도 조금 덜 나가지만 강력한 턱과 무시무시한 이빨로 매섭게 다른 공룡들을 사냥하는 것은 꼭 닮았어요. 길고 튼튼한 뒷다리에 비해 우스꽝스러울 정도로 짧고 약한 앞다리를 가진 것도 비슷하지요.
타르보사우루스는 '두려움에 떨게 만드는 도마뱀'이라는 이름처럼 강한 발톱과 길고 단단한 꼬리를 이용해 먹잇감을 두려움에 떨게 만들었답니다.

테리지노사우루스

만약 테리지노사우루스를 만난다면 삼지창처럼 생긴 앞 발톱이 제일 먼저 눈에 띌 거예요. 앞 발톱의 길이가 무려 1m나 되거든요. 하지만 이 무시무시하게 생긴 앞 발톱은 두께가 얇아서 다른 동물을 공격하는 데에는 사용할 수 없었어요. 아마 나뭇가지를 잡아당기거나 땅속에 묻힌 식물의 뿌리를 캐낼 때 썼을 거예요. 또 개미를 잡아먹기 위해 개미집을

파헤칠 때에도 앞 발톱을 사용했을 것으로 보여요.
처음 테리지노사우루스의 화석이 발견되었을 때 고생물학자들은
고민에 빠졌어요. 몸의 생김새는 육식 공룡인데, 이빨은
초식 공룡처럼 생겼기 때문이었지요. 게다가 많은 사실을 알
수 있게 해 주는 머리뼈가 아직까지 발견되지 않아 더 많은
호기심을 불러일으키고 있어요. 화석이 더 많이 발견되기 전까지
테리지노사우루스는 미스터리 공룡으로 남아 있을 것 같아요.

010
티라노사우루스

공룡계의 최고 스타는 누구일까요? 바로 티라노사우루스랍니다. 가장 난폭한 공룡, 최고의 사냥꾼 등 티라노사우루스 앞에 붙는 수식어는 매우 다양하지요.

지금까지의 연구 결과에 따르면, 티라노사우루스는 강력한 턱과 날카로운 이빨로 먹잇감의 뼈까지 부숴 버릴 수 있었다고 해요. 그뿐만 아니라 몸집이 크고 뒷다리도 잘 발달되어 있어서 어떤 공룡도 쉽게 티라노사우루스를 공격할 수 없었을 것이라고 해요. 후각도 뛰어나고, 물체까지의 거리를 정확하게 가늠할 수 있는 뛰어난 시력도 가지고 있어 사냥하는 데 여러모로 유리했어요.

하지만 티라노사우루스는 이런 모든 장점과 어울리지 않게 매우 짧고 약한 앞발을 가지고 있어요.

고생물학자들은 티라노사우루스가 몸집에 비해 머리가 크고 무겁기 때문에 몸의 균형을 맞추기 위해 앞발이 점차 퇴화한 것으로 추측하고 있답니다.

011 파키케팔로사우루스

머리 윗부분이 헬멧을 쓴 것처럼 불룩하게 솟아 있는 특이한 공룡! 바로 파키케팔로사우루스예요. 파키케팔로사우루스의 머리뼈 두께는 최고 25㎝나 돼요. 머리뼈 두께가 0.5㎝인 사람과 비교했을 때 무려 50배나 더 두껍지요. 고생물학자들은 파키케팔로사우루스의 머리뼈에 많은 관심을 보여요. 뭔가 특별한 쓰임새가 있었을 거라고 생각하기 때문이지요. 지금까지의 연구 결과에 따르면,

파키케팔로사우루스는 무리의 우두머리를 뽑거나 마음에 드는 암컷을 차지하기 위해 힘을 겨룰 때 불룩하게 솟은 머리를 부딪혀 박치기를 했을 거라고 해요. 오늘날 머리에 뿔이 있는 동물들처럼 말이에요.

실제로 파키케팔로사우루스는 목뼈가 서로 맞물려 있어서 박치기를 할 때 받는 충격을 잘 흡수할 수 있었어요. 하지만 불룩 솟은 머리가 뾰족한 편이라 머리끼리 부딪히지 않고, 대신 머리로 상대방의 옆구리를 공격했을 거라고 주장하는 학자도 있답니다.

프로토케라톱스

프로토케라톱스는 뿔 공룡의 조상으로 여겨지는 공룡이에요. 프로토케라톱스란 이름도 '최초로 뿔을 가진 얼굴'이라는 뜻이지요. 그런데 사실 프로토케라톱스의 얼굴에는 뿔이 없어요. 뿔 대신 코 위에 뿔처럼 불룩 솟은 돌기가 있지요.
그런데도 프로토케라톱스를 뿔 공룡의 조상이라 추측하는 이유는 뿔은 없지만 프릴이 있고, 뿔 공룡 중에서 비교적 몸집이 작기 때문이에요. 즉, 처음 나타난 뿔 공룡은

프로토케라톱스처럼 뿔이 없었는데 진화하면서 점점 뿔이 발달했다고 보는 거예요.
공룡들은 보통 점차 몸집이 커지는 쪽으로 진화했거든요.
프로토케라톱스는 몸집이 작고,
성질도 온순해서 육식 공룡들의 만만한
사냥감이었어요. 실제로 몽골의 고비 사막에서는
프로토케라톱스가 벨로키랍토르에게 잔인하게
공격당하는 모습이 고스란히 남아 있는 화석이
발견되기도 했답니다.

해남이크누스

한반도에 살았던 익룡의 흔적, 해남이크누스! 1996년에 전라남도 해남군 황산면 우항리 지역에서 발자국이 처음 발견되면서 세상에 알려지게 되었어요. 해남이크누스는 '해남에서 발견된 발자국'이라는 뜻으로, 익룡의 이름이 아니라 발자국 화석을 가리켜 이르는 말이에요. 해남이크누스 발자국 화석은 아시아에서 최초로 발견된 익룡 발자국으로, 지금까지 발견된 익룡 발자국 화석 중에서 가장 크기가 커요. 하지만

아직까지 뼈 화석이 발견되지 않아서 실제로 해남이크누스가 어떻게 생겼는지에 대해서는 정확히 알지 못해요.

해남이크누스와 같은 익룡은 보통 앞발의 네 번째 발가락이 매우 길게 발달되어 있는데, 여기에 날개 역할을 하는 얇은 피부막이 달려 있어요. 해남이크누스의 날개는 매우 커서 양쪽 날개를 모두 펼치면 경비행기만 했을 것으로 추측하고 있답니다.

틸로사우루스

틸로사우루스는 백악기 후기 바다를 지배한 거대 바다 파충류예요. 몸집이 매우 커서 최대 몸길이는 16m로 약 버스 1.5대 정도의 길이이고, 최대 몸무게는 7t으로 아시아 코끼리 2마리 정도의 무게예요. 전체적인 모습은 오늘날의 상어와 비슷하지만 꼬리가 훨씬 더 길어요.

틸로사우루스는 여러 개의 날카로운 이빨과 강력한 턱을 이용하여 움직임이 느린

암모나이트부터 새, 거북, 상어까지 잡아먹었어요. 그뿐만 아니라 물에 빠진 공룡까지 잡아먹었던 것으로 보여요. 그래서 '바다의 티라노사우루스'라고도 불린답니다. 바위나 해초 등에 몸을 숨기고 있다가 먹이가 나타나면 순간적으로 재빨리 움직여 먹이를 잡아먹었어요. 틸로사우루스 외에 백악기 후기 바닷속에 살았던 바다 파충류로는 목이 길고 커다란 지느러미를 가진 엘라스모사우루스와 18m에 달하는 큰 몸집을 가진 모사사우루스 등이 있답니다.

찾아보기

ㄱ

각룡류 15, 31, 67
갈고리 발톱 21, 22, 23, 32, 33, 34, 35, 66, 88, 118, 119, 121, 127, 146, 149, 158, 159, 180
갈리미무스 31
갑옷 공룡 39, 51
검룡류 14
곡룡류 15, 31, 39
곤드와나 대륙 16
기가노토사우루스 114, 115
기간토랍토르 116, 117
기디언 멘텔(멘텔) 12, 30
깃털 공룡 23, 176

ㄴ

나무타기캥거루 30
네미콜로프테루스 80, 81
노도사우루스 15

ㄷ

데이노니쿠스 14, 23, 118, 119, 156
드라코렉스 63
드로마에오사우루스 23, 120, 121
드로미케이오미무스 31
드리오사우루스 90, 91
디노사우르 13
디플로도쿠스 14, 17, 92, 93, 97
딜롱 14, 23

ㄹ

람베오사우루스 47
람포링쿠스 166, 167
랍토르 공룡 23
레페노마무스 72, 73, 74, 75
로라시아 대륙 16
로버트 플롯(플롯) 12
로이 채프먼 앤드루스 34
리처드 오언(오언) 13, 15, 30, 94

ㅁ

마이아사우라 47, 122, 123
마크로사우루스 78
메갈로사우루스 12, 13, 94, 95
메리 앤(앤) 12
모르가누코돈 75
모사사우루스 76, 79, 201
미크로랍토르 14, 20, 21, 22, 176, 177

ㅂ

바가케라톱스 124, 125
바넘 브라운(브라운) 38, 58
바로사우루스 96, 97
바리오닉스 126, 127
밤비랍토르 23
벨로키랍토르 14, 15, 17, 23, 32, 33, 34, 35, 66, 180, 197
변온 동물 15
부경고사우루스 14, 24, 25, 26, 27, 31, 178, 179
브라키오사우루스 14, 31, 35, 98, 99
브론토사우루스 104
뿔 공룡 67, 196

ㅅ

사우롤로푸스 128, 129
사이카니아 15
산퉁고사우루스 44, 130, 131
살타사우루스 17
세이스모사우루스 100, 101
센트로사우루스 132, 133
수(sue) 46, 51, 58
수각류 14, 17, 21, 23, 35, 55, 177
수직 날개 166, 167
스테고사우루스 14, 102, 103
스티라코사우루스 15, 134, 135
스티키몰로크 63
스피노사우루스 136, 137
시노사우롭테릭스 23, 138, 139
시조새 17, 110

ㅇ

아르젠티노사우루스 27
아르카이오랍토르 22
아파토사우루스 104, 105
안킬로사우루스 15, 17, 36, 37, 38, 39, 51, 182, 183
알로사우루스 17, 106, 107
에드몬토사우루스 58, 140, 141
에드워드 코프(코프) 78
에오랍토르 17, 84, 85
에우오플로케팔루스 142, 143
에우헬로푸스 144, 145
엘라스모사우루스 79, 201
예브게니 말리예브(말리예브) 50, 58
오비랍토르 146, 147
오스니얼 마시(마시) 78
용각류 17, 26, 27, 31, 43, 179
용반류 14
운석 충돌설 17
원시 용각류 14, 27, 55
윌리엄 버클랜드(버클랜드) 12
유니콘 공룡 40, 43, 184
유오플로케팔루스 39
유타랍토르 23, 148, 149
이구아노돈 12, 13, 15, 150, 151

ㅈ

장골 13
조각류 15, 30, 43, 51, 55, 67
조반류 14, 55
좌골 13

ㅊ

천년부경용 24
치골 13, 55
친타오사우루스 40, 41, 42, 43, 184, 185

ㅋ

카로노사우루스 44, 45, 46, 47, 186
카르카로돈토사우루스 152, 153

카마라사우루스 108, 109
카우딥테릭스 23, 154, 155
케찰코아틀루스 17, 168, 169
켄트로사우루스 14, 17
코리아노사우루스 보성엔시스 26, 27
코리아케라톱스 화성엔시스 26, 27
코리토사우루스 47
코엘로피시스 17, 86, 87
콤프소그나투스 110, 111

ㅌ

타르보사우루스 15, 35, 48, 49, 50, 51, 188
테논토사우루스 156, 157
테리지노사우루스 17, 52, 53, 54, 55, 190, 191
테코돈토사우루스 17
토마스 헉슬리(헉슬리) 30
투오지앙고사우루스 14, 112, 113
트로오돈 14, 62, 158, 159
트리케라톱스 13, 15, 17, 58, 160, 161
티라노사우루스 14, 15, 17, 31, 35, 38, 47, 48, 50, 51, 56, 57, 58, 59, 78, 114, 142, 160, 180, 188, 192, 193, 201
틸로사우루스 76, 77, 78, 79, 200, 201

ㅍ

파라사우롤로푸스 15, 17, 46, 47, 162, 163
파키케팔로사우루스 17, 60, 61, 62, 63, 194, 195
판게아 16
프로토케라톱스 34, 64, 65, 66, 67, 146, 196, 197
프시타코사우루스 15, 74, 164, 165
프테라노돈 170, 171
플라테오사우루스 88, 89

ㅎ

하드로사우루스 15
항온 동물 15
해남이크누스 68, 69, 70, 71, 198, 199
후두류 63, 67
후양고사우루스 14
힐라에오사우루스 13
힙실로포돈 15, 28, 29, 30, 31

사진 출처

프롤로그
- 위키 : 로버트 플롯의 초상화(ⒸSylvesterHarding), 영국 스톤스필드 채석장에서 발견된 메갈로사우루스의 이빨 화석(ⒸMaryMorland), 윌리엄 버클랜드의 초상화(ⒸProhibitOnions), 이구아노돈의 이빨 화석 그림(ⒸFunkMonk), 힐라에오사우루스 상상도(ⒸBenjaminWaterhouseHawkins), 카네기 자연사 박물관에 전시된 '세 개의 뿔이 달린 얼굴'이라는 뜻의 이름을 가진 트리케라톱스 전신 골격 모형(ⒸDaderot), 티라노사우루스의 엉덩이뼈와 다리뼈 모형(ⒸBallista), 지구와 운석의 충돌 장면을 그린 상상도(ⒸDonDavis), 파라사우롤로푸스 상상도(ⒸSteveoc86)

001 미크로랍토르
- 위키 : 달리고 있는 미크로랍토르의 모습을 표현한 전신 골격 모형(ⒸDidierDescouens), 날고 있는 모습의 미크로랍토르 상상도(ⒸConty), 랍토르 공룡에 속하는 밤비랍토르 상상도(ⒸNobuTamura)
- 코비스 : 미크로랍토르의 화석
- 이미지코리아 : 미크로랍토르의 모습을 그린 그림

002 부경고사우루스
- 임종덕 : 부경고사우루스의 등뼈와 목뼈 화석, 코리아노사우루스 모형, 코리아케라톱스 모형, 부경고사우루스 전신 골격 모형

003 힙실로포돈
- 위키 : 멘텔이 발견한 힙실로포돈의 뼈 화석이 묻혀 있는 암석을 그린 그림(ⒸJos.Dinkel), 벨기에 브뤼셀 자연사 박물관에 전시된 걸어가고 있는 모습의 힙실로포돈의 전신 골격 모형(ⒸMWAK), 캐나다 로열 온타리오 박물관에 전시된 드로미케이오미무스의 전신 골격 모형(ⒸEsv), 미국 필드 자연사 박물관에 전시된 브라키오사우루스의 전신 골격 모형(ⒸAStrangerintheAlps)
- 유로크레온 : 기드온 멘텔의 초상화

004 벨로키랍토르
- 위키 : 미국 와이오밍 공룡 센터에 전시된 벨로키랍토르의 전신 골격 모형(ⒸBenTownsend)
- 코비스 : 프로토케라톱스를 공격하는 벨로키랍토르의 화석, 벨로키랍토르의 갈고리발톱 화석
- 유로크레온 : 벨로키랍토르의 머리뼈 화석

005 안킬로사우루스
- 위키 : 안킬로사우루스의 꼬리 곤봉 화석(ⒸRyanSomma), 독일 젠켄베르크 자연사 박물관에 전시된 안킬로사우루스류 중 하나인 유오플로케팔루스의 전신 골격 모형(ⒸGhedoghedo)
- 코비스 : 바넘 브라운, 안킬로사우루스 전신 골격 화석, 안킬로사우루스 피부 화석

006 친타오사우루스
- 임종덕 : 조각류 보행렬 화석
- 위키 : 중국 고동물관에 전시되어 있는 친타오사우루스의 전신 골격 모형(ⒸThesupermat), 친타오사우루스 상상도(ⒸArthurWeasley)

007 카로노사우루스
- 위키 : 미국 필드 자연사 박물관에 전시된 티라노사우루스 렉스 중 가장 몸집이 큰 '수(sue)'의 전신 골격 모형(ⒸScottRobertAnselmo), 러시아 화가 알렉산드르 리토브첸코가 그린 스틱스 강에서 영혼을 실어 나르는 뱃사공 카론의 모습(ⒸDmitryRozhkov), 캐나다 로열 온타리오 박물관에 전시된 파라사우롤로푸스의 머리뼈 화석(ⒸDger), 캐나다 로열 온타리오 박물관에 전시된 코리토사우루스의 전신 골격 모형(ⒸCropbot)

008 타르보사우루스
- 임종덕 : 육식 공룡의 발자국과 보행렬 화석, 육식 공룡의 알둥지 화석
- 위키 : 스페인 바르셀로나 과학 박물관에 전시된 타르보사우루스의 전신 골격 모형(ⒸEsv)
- 유로크레온 : 미국-러시아-몽골 연합 공룡 발굴 팀

009 테리지노사우루스
- 위키 : 오스트레일리아 박물관에 전시된 테리지노사우루스의 발톱 화석(ⒸDinoguy2), 스위스 아탈 공룡 박물관에 전시된 테리지노사우루스의 앞 발톱 모형(ⒸWoudloper), 테리지노사우루스 상상도(ⒸBetacommandBot)
- 헬로포토 : 테리지노사우루스 모형

010 티라노사우루스
- 위키 : 미국 카네기 자연사 박물관에 전시된 티라노사우루스의 전신 골격 모형(ⒸScottRobertAnselmo)
- 유로크레온 : 티라노사우루스 이빨 화석, 티라노사우루스 발자국 화석
- 코비스 : 티라노사우루스 머리뼈 화석

011 파키케팔로사우루스
- 위키 : 옥스퍼드 대학교 박물관에 전시된 파키케팔로사우루스의 머리뼈 화석(ⒸFunkMonk), 인디애나폴리스 어린이 박물관에 전시된 드라코렉스의 머리뼈 화석(ⒸHstryQT), 독일 베를린 자연사 박물관에 전시된 스티키몰로크의 머리뼈 화석(ⒸLoKiLeCh)
- 코비스 : 풋볼 헬멧과 파키케팔로사우루스의 머리 크기를 비교한 모습
- 게티 이미지 : 파키케팔로사우루스가 힘을 겨루는 모습을 그린 그림

012 프로토케라톱스
- 위키 : 프로토케라톱스의 연령별 머리뼈 화석(ⒸFunkMonk), 프로토케라톱스의 머리뼈 화석(ⒸCropbot), 미국 카네기 자연사 박물관에 전시된 프로토케라톱스의 전신 골격 모형(ⒸCropbot)
- 게티 이미지 : 벨로키랍토르가 갈고리발톱으로 프로토케라톱스의 배를 찌르고 있는 화석

013 해남이크누스
- 임종덕 : 해남이크누스 우항리엔시스 발자국 화석, 익룡의 윗턱 이빨 화석
- 위키 : 익룡의 발자국이 찍히는 원리를 보여 주는 그림(ⒸUnwin)
- 헬로포토 : 해남 공룡 박물관 내부의 모습

014 레페노마무스
- 위키 : 인디애나폴리스 어린이 박물관에 전시된 프시타코사우루스의 전신 골격 모형(ⒸCropbot), 홍콩 과학 박물관에 전시된 레페노마무스의 머리뼈 화석과 레페노마무스 상상도(ⒸLaikayiu), 모르가누코돈 상상도(ⒸFunkMonk)

015 틸로사우루스
- 위키 : 캐나다 화석 발견 센터에 전시된 틸로사우루스의 전신 골격 모형(ⒸLoozrboy), 미국 스미스소니언 자연사 박물관에 전시된 틸로사우루스의 화석(ⒸMetronomo), 네덜란드 마스트리흐트 자연사 박물관에 전시된 모사사우루스의 전신 골격 모형(ⒸGhedoghedo), 캐나다 로열 온타리오 박물관에 전시된 엘라스모사우루스의 전신 골격 모형(ⒸDger)